101
PHILOSOPHY PROBLEMS
MARTIN COHEN

101个哲学问题 (第四版)

FOURTH EDITION

[英] 马丁·科恩 著 | 殷圆圆 译 王喆 审校

广西师范大学出版社
·桂林·

101个哲学问题（第四版）
101 GE ZHEXUE WENTI（DI-SI BAN）

101 Philosophy Problems 4th Edition / by Martin Cohen / ISBN: 978-0-415-63574-5

Copyright © 2013 by Routledge
Authorized translation from English language edition published by Routledge, part of Taylor & Francis Group LLC; All Rights Reserved.
本书原版由 Taylor & Francis 出版集团旗下，Routledge 出版公司出版，并经其授权翻译出版。版权所有，侵权必究。

Guangxi Normal University Press is authorized to publish and distribute exclusively the **Chinese (Simplified Characters)** language edition. This edition is authorized for sale throughout **Mainland of China**. No part of the publication may be reproduced or distributed by any means, or stored in a database or retrieval system, without the prior written permission of the publisher.
本书中文简体翻译版授权由广西师范大学出版社独家出版并仅限在中国大陆地区销售，未经出版者书面许可，不得以任何方式复制或发行本书的任何部分。

Copies of this book sold without a Taylor & Francis sticker on the cover are unauthorized and illegal.
本书贴有 Taylor & Francis 公司防伪标签，无标签者不得销售。
著作权合同登记号桂图登字：20-2022-041 号

图书在版编目（CIP）数据

101 个哲学问题：第四版 /（英）马丁·科恩著；殷圆圆译. —桂林：广西师范大学出版社，2022.7（2023.10 重印）
书名原文：101 Philosophy Problems 4th Edition
ISBN 978-7-5598-4967-0

Ⅰ.①1… Ⅱ.①马…②殷… Ⅲ.①哲学－通俗读物 Ⅳ.①B-49

中国版本图书馆 CIP 数据核字（2022）第 072787 号

广西师范大学出版社出版发行
（广西桂林市五里店路 9 号　邮政编码：541004）
　网址：http://www.bbtpress.com
出版人：黄轩庄
全国新华书店经销
广西广大印务有限责任公司印刷
（桂林市临桂区秧塘工业园西城大道北侧广西师范大学出版社集团有限公司创意产业园内　邮政编码：541199）
开本：787 mm × 1 092 mm　1/32
印张：14.125　　字数：250 千
2022 年 7 月第 1 版　　2023 年 10 月第 4 次印刷
印数：12 001~15 000 册　　定价：79.00 元

如发现印装质量问题，影响阅读，请与出版社发行部门联系调换。

101个哲学问题

第四版

农场主菲尔德真知道他的获奖奶牛黛西在牧场里吗？一场意料之外的考试究竟什么时候才不算完全在意料之外？所有单身汉（真的）都是未婚人士吗？马丁·科恩的《101个哲学问题》（第四版）用风趣幽默、增长见闻、启人心智的方式对哲学进行了介绍。从我们已知的内容，或自以为了解的内容，到令人绞尽脑汁的关于伦理、科学和思维本质的思想实验，用哲学谜语、难题、悖论等方式巧妙地揭开了哲学领域中的某些奥秘。

第四版收录了许多新问题，包括麦克斯韦的移动磁铁、爱因斯坦改变火车时间、芝诺的空间悖论等，以及两个全新的章节，内容涵盖洛伦兹的水车、分形农场之争和各种令人困惑的道德问题。为了适应哲学与社会的全新发展，本书经过了全面的修订。

书后有非常有用的最新专业词汇表和针对各个问题的可行方案。对于所有初次了解哲学的人来说，《101个哲学问题》都算得上是一部必读之书。

马丁·科恩的声名享誉世界。他是一位激进派哲学家和非传统思想家，出版了许多著作，他的作品被翻译成了大约20种语言。

对先前版本的赞誉

所有道德主张都是综合得来的？或者是分析得来的？是先验的？抑或是后验的？两者皆是？还是两者皆非？桌子呢？你能看见吗？问问自己：它存在吗？问题太简单了？走出房间，再问自己一遍。下一句是真话；前一句是假话。听从大脑最初的警告，不要一次性看完全部的101个问题。论自由意志：如果你有偏执型人格障碍，就无法始终表现出真实的自己。

《卫报》(Guardian)

马丁·科恩的《101个哲学问题》介绍哲学的方式非常新颖。本书共有101个幽默的小故事，每个故事都带着一个哲学问题……该书提供了许多有用的工具，引导学生进入哲学的世界。

《泰晤士高教增刊》(The Times Higher Education Supplement)

在尝试了各种入门书籍、选集和教科书之后，出版商们总算发现：哲学领域缺少的是能引起哲学爱好者兴趣的书籍，对非学术性读者来说尤其如此。哲学也是一门需要亲身投入的学科，这早已是不争的事实。你不能只去读哲学书，还必须得身体力行。尽管如此，有意引导读者进行思考的哲学入门书籍竟屈指可数，这着实令人惊讶。而《101个哲学问题》便是其中的凤毛麟角，当然，这样的书籍越来越多，也没什么好意外的。科恩的出发点，既不是哲学史，也不是哲学的各个分支学科，更不是哲学的光辉伟大之处。相反，他直接把一堆哲学难题抛给了读者们。

《哲学家杂志》(*The Philosophers' Magazine*)

科恩探究了主流的古典主义观念，同时也概述了困扰当代哲学家的难题。他通过一系列引人入胜的例子，循序渐进地将启迪人心的哲学家引入更深层次的问题，向读者揭露"理性终将成为引路明灯"的真相。

《伊尔克利新闻》(*Ilkley Gazette*)

科恩直言不讳的风格总是让人欢喜让人忧。举例来说，他认为，康德[1]让哲学沦落成"专业人士的深奥独白"，亚里士多德[2]则"患有严重的分类障碍"。他不断强调"逻辑无关紧要"，并在阐释哲学问题时，将逻辑弃之不用。

美国克利夫兰约翰卡罗尔大学，哈里·根斯勒（Harry Gensler）

马丁·科恩博士的幽默感享誉世界。《101个哲学问题》已被翻译成多种语言，在诸多国家都颇受追捧。通过这些引人入胜的问题和故事，你会发现，看似"高深莫测"的哲学其实遍布于日常生活的每一个角落。

台北雅典娜出版社（Athena Publishers）

科恩会督促读者以哲学的方式思考。

http://www.academic materials.com

对《101个哲学问题》的褒奖

……一场贯通古今哲学困境的轻松诙谐之旅……其中蕴

---

[1] 伊曼努尔·康德，德国古典哲学创始人，被认为是继苏格拉底、柏拉图和亚里士多德后，西方最具影响力的思想家之一。

[2] 亚里士多德，世界古代史上伟大的哲学家、科学家和教育家之一，堪称希腊哲学的集大成者。

舍的可都是实打实的哲理。

《新科学家》(*New Scientist*)

……科恩善于把经典的哲学思想融进有趣的故事里。

《泰晤士报高等教育副刊》(*Times Higher Education*)

逻辑实证论者可能会说,伦理学不过是官样文章,但它确实在本书101道菜的菜单中。

《时代报》(*The Age*)

献给比

"这是个非常棘手的问题,请你在接下来的45分钟里都别来打扰我。"

(夏洛克·福尔摩斯,《红发会》[*The Red Headed League*],
　　阿瑟·柯南·道尔爵士著,首次出版于1891年)

目 录

前言！ 1
一路向前谈谈第四版再回头谈谈初版！ 6
如何使用本书 10
哲学配图说明 13

从十个逻辑循环和悖论开始 / 1

1 牧场里的奶牛 2
2 乌鸦 3
3 笛卡尔的大问题 5
4 绞刑法官 6
5 兴都库什的理发师 8
6 学校小卖部的难题 9

7	普罗泰戈拉的问题	11
8	意料之外的考试	12
9	船长索瑞迪斯	14
10	预言海战的问题	17

八种棘手的道德困境 / 19

11	飞往香格里拉的999次航班	20
12	卡涅阿德斯的船板	22
13	可疑的捐赠诊所	23
14	著名的人行道困境	24
15	不是十分典型的音乐困境	26
16	谁的孩子？	28
17	潜在的问题	30
18	被医生绑架的病人（事件一）	31
19	被医生绑架的病人（事件二）	33
20	乌龟	35

六个烦人的数字问题 / 37

21	惊人的好运气	38

22	无穷大旅馆	40
23	芝诺的空间悖论	42
24	庞加莱的问题	44
25	神秘的三角形	46
26	蕨类植物	48

关于美丑的审美问题 / 51

27	假货和赝品	52
28	弗拉什·巴格曼	54
29	买邮票和土豆的问题（1）	57
30	买邮票和土豆的问题（2）	58
31	标准的问题	60
32	剥削性图片	62

沉重的个人问题 / 65

33	沼泽怪物	66
34	超绝体验机	68
35	偏袒之力	70
36	对抗公正	72

37	利己主义的超能力	75
38	心灵之眼	78
39	半脑问题	81
40	唯一的约翰·金	83
41	凯蒂显灵	85

似是而非的图形之谜 / 89

42	"阴影"和"彩碟错觉"	91
43	立方体和三角形	93
44	图形与背景的转换	94
45	假腿	95
46	绕圈的纸带	96

无人在意的12个传统哲学问题 / 97

47	独角兽的角	98
48	法国国王的脑袋	98
49	雪的颜色	99
50	未婚的单身汉	99
51	《威弗利》的作者	100

52	火星水	100
53	千年问题	101
54	绿与红	101
55	G.E.摩尔的问题	102
56	康德的问题	102
57	更多康德的问题	103
58	桌子	103

著名的科学与哲学思想实验……稍稍改变了我们看待世界的方式 / 105

59	愚蠢的（思想）实验	106
60	太阳熄灭后会发生什么？	108
61	伽利略的（重力）球	110
62	麦克斯韦的移动磁铁	111
63	爱因斯坦改变了火车时间	113
64	薛定谔的猫	115
65	"深思"为自己辩护	117
66	"深思"更深思	119

一些狡猾的道德问题 / 123

67	狗和教授（1）	124
68	狗和教授（2）	126
69	相对问题	127
70	独裁国新事（1）	129
71	独裁国新事（2）	131
72	独裁国新事（3）	133
73	一美元志愿者的认知失调	135
74	魔鬼的化学家	138

更多似是而非的图画 / 141

75	白天——还是夜晚？	142
76	瀑布会流动吗？	143
77	建筑师的秘密	144
78	越来越小	145
79	三兔图	146

非常重要的宗教问题 / 147

80　福音传道者　　　　　　　　　　　　148

81　满怀仇恨的传道者　　　　　　　　150

82—89　在一个阴雨绵绵的星期天下午，一个烦恼的教徒在牧师的下午茶聚会时向他提出了以下问题　　156

给你提神的另外几个数学问题 / 161

90　分形农场之战　　　　　　　　　　162

91　洛伦兹的水车　　　　　　　　　　166

92　前线的统计（或钢盔导致头部受伤的原因）　168

93　西米德兰兹郡索环工厂的问题　　　169

最后几个问题 / 171

94　给乏味的哲学家提最后一个问题　　172

95　痛苦有益　　　　　　　　　　　　173

96　贪婪有益　　　　　　　　　　　　174

97　睡眠问题　　　　　　　　　　　　176

98　睡觉的人　　　　　　　　　　　　177

99　简单的宇宙　　　　　　　　　　　179

100　哲学问题的问题（尚未解决）　　　181

| 101 存在的问题 | 182 |

讨论部分 / 185

词汇表	363
阅读指南	409
致谢	415

前言!

"101个?!"(读者或许会惊呼)"我从没想过会有那么多哲学问题!"毕竟,伯特兰·罗素[1]在其权威著作《哲学问题》(*The Problems of Philosophy*, 1912, 1980)中,似乎也只提出了十来个问题,而且大多都只涉及知识的多样性。包括表象与实在的问题、精神与物质的问题、唯心主义的问题,以及与哲学知识相关的各种问题:通过了解或描述而获得的知识、一般原则方面的知识、先验知识和共性知识、直观知识、与错误相对立的知识(真理与谬误),甚至还有或然的知识。当然,最重要的还是哲学的"价值"问题。

不过,也不必太过苛刻。我正在看的这版书中,有人在这段话下面划了线:"认知方面的所有收获,都是自我的一种

---

[1] 译注:伯特兰·罗素,英国哲学家、数学家、逻辑学家、历史学家、文学家,分析哲学的主要创始人,世界和平运动的倡导者和组织者,1950年获诺贝尔文学奖。

扩张；但是，最好不要用直接追求的方式去实现这种扩张。"（本书是否也秉持着这样的观念？）在这段话旁边，那人还用一行大写字母批注说：

是不是有点自作主张了？

这肯定算是罗素的书所引发的一个新的矛盾问题。

A.C.尤因在他的《哲学基本问题》（*The Fundamental Questions of Philosophy*, Routledge, 1952, 1985）之中提出的问题更少，只提出了6个大问题，分别为：真理、精神与物质的关系、空间与时间的关系、因果律与自由意志、与"多元论"相对立的"一元论"，以及虽排在最后但却同样重要的问题——上帝。

这是张虽然简单但却很有用的清单。要想尽可能地贴近101个哲学问题，我们还得去看看A.J.艾耶尔的巨著[1]——《哲学的中心问题》（*The Central Questions of Philosophy*, Penguin, 1991）。可仔细阅读后就会发现，里面的内容还是很

---

1 虽然他早期的作品更好些……

不如人意，只涉及了一些X、Y理论[1]以及教授们的观点。我们看到的不是真正的问题，而是命题函数和句法分析。艾耶尔甚至宣称，芝诺的悖论并非真正的悖论，他自有能解开那些问题的高招：比如说，在阿喀琉斯与乌龟赛跑的悖论中，芝诺认为，阿喀琉斯每前进一码就必须先前进半码，这是"错误的"（某些哲学家会把所有不明显是重言式的论断，或是他们不喜欢的主张说成是"错误的"）。无论如何，艾耶尔自己也坦承，对他来说（不管马克思的梦想是什么），哲学的目的不是改变世界，而仅仅是为了改变我们对世界的"观念"。哲学必须是"分析的实践"。不过这对于那些进行实践的人来说，并非哲学的魅力所在。对于实践者而言，哲学的价值在于"所引发问题的趣味性，以及解答问题所产生的成就感"。

那么，包含了101个哲学问题的书会是什么样的？是一座蕴藏着无人知晓的悖论和引人深思的谜题的金矿？还是一间存放着社会科学和自然科学引发的乱七八糟、尚未解决或未经整理的问题的仓库？不论是哪一种，在这101个哲学问题之中，有多少个能在这本书里得到解答？值得购买吗？

这一点是毋庸置疑的。本书中提到的几乎都是关键的

---

[1] X指消极，Y指积极。来源于美国心理学家道格拉斯·麦格雷戈（Douglas McGregor）的理论。

哲学问题，即使有几个没那么关键，也无伤大雅。对于问题的讨论虽然不过只言片语，但句句都能切中要害。本书使用（广受欢迎的）"叙事性"体裁，不仅生动有趣，而且清晰易懂。没有采用学者们钟爱的专业术语，却清楚地表述出了所有的观点和问题。虽然，如今有些哲学家就像吸血鬼害怕阳光一样排斥清晰的叙述，一看到朴实简单、通俗易懂的语句就瑟瑟发抖，喘不上气，但我们无须如此惊惧不安。相反，我们要回归到一个更加古老的传统，即把哲学视为一种活动，一种有待发展的技能。当然了，也存在这样的事实：就技巧而言，整本书也许就是在学习一种被称为"批判性思维"的哲学。起初，人们将其视为颠覆性的存在，但后来，哲学家们掌握了它的要点，就把这种概念锁进了一个镀了金的、布满专业术语的、晦涩难懂的语言牢笼之中。

但也并非一向如此。哲学一词源自古希腊（但哲学活动可不是），在古希腊，清晰是哲学的尺度和目的，诡辩则是哲学的低级形式。如果本书真正地回归了这一传统，那么这就是其作用和意义所在。假如那些自认为严肃的思想家还是觉得本书过于简单——就让他们自己去解决这些问题看看吧！

不过，在我们尝试解决这些问题之前，可以先了解一下罗素对一般哲学问题的看法：

我们研究哲学,并不是为了找到哲学问题的确切答案,因为通常来说,不存在能被判定为真理的确切答案,我们研究哲学的目的在于这些问题本身;因为这些问题能够扩充我们对可能性的认知,丰富我们在智力方面的想象力,并消减教条式的确信,以免禁锢了我们的思考能力;最重要的是,通过哲学思忖宇宙之大,我们的内心也将变得伟大,从而能与至善的宇宙结合在一起。

(《哲学问题》,第93—94页)

一路向前谈谈第四版
再回头谈谈初版！

欢迎阅读经典的第四版，不——这样形容还不够！——应该可以算是典藏版的《101个哲学问题》。好就好在，这一主题本身就够复杂了，与之相关的所有复杂内容还从那些经典的古老难题延伸到了当代哲学的闪光点中（尤其是那些残忍的道德困境），一直到与之平行的神秘科学世界和扩张思维的思想实验引发了些许值得探究的谜题，才堪堪停住。

总而言之，不管你想知道些什么，都能在本书中找到答案。起码也能大概理清思路。和已经被时光淹没（出版于1999年）的初版《101个哲学故事》一样，本书分为两个部分。其一是哲学问题，一般是以小故事的形式，用通俗易懂的文字进行概括，然后再单独进行"解答"，或是对可能的结果展开讨论。我刚刚说是两部分吗？显然是三个部分。这有点像在大学课堂上（很契合101个哲学问题的氛围），每个人都要先听阐述，紧接着就会跑出一个问题，然后就是（短暂的）思考时间。再接下来才会给出解答。目前来说，思考的部分（不管是在学校还是其他地方）才是最重要的。

因此，多年以来，各种"启蒙"书籍都把"解答"放在了相对靠后的位置，按照顺序与前文一一对应。正如一条书评所说，看这本书，要用两个书签。当然，第四版《101个哲学问题》和先前的各个版本一样，既有教育性，也蕴含着"纯粹的"娱乐性。这是不是有点过时了？或许吧，但若是能把哲学从高高的山顶带回咖啡馆，就算值得。

自第一本哲学启蒙书籍面世至今，已过去多年，在当时，人们都说这样的书太不正经、太不像话。（你们真该去看看当年的读者们对出版方的评价！）而如今，人们对哲学的观念已经发生了根本性的变化。在那个年代，哲学作品都非常庄重，措辞严肃，笔力铿锵，且似乎作者们都知道亚里士多德会赞同怎样的观点。认识论、形而上学和……逻辑学。

而如今，哲学谜题层出不穷，有些是专门面向年轻人推出的作品，另外一些则是昙花一现的廉价趣味读物。很多新作品都遵循了相同的模式，即一篇小故事加一段论述，其中许多也会在最后添加一行式的引导性问题。

不过，据我所知，其他作品都没有把全书内容分为问题和讨论两个部分，也就是说，这些"竞争对手"都未秉持启蒙书籍所应秉持的教育性。相反，那些作者会告诉读者们该思考什么。其实，当被问及时，人们都说自己喜欢那种形式。但我还是要在这个新版本中延续"思考"的传统。因为这强调了一点：

《101个哲学问题》是不带专家角度的哲学。

所以各章节的标题才会如此天马行空，读者也不会看到一串串的专业术语。经过精心设计的哲学问题中丝毫不见术语的踪迹，也不含任何预先假设；事实上，除了天生的好奇心和良好的感知力以外，本书几乎未向读者设置任何门槛。因此，讨论部分可能会针对各个问题，提出几种可能的思路，表明其他人（当然包括那些伟大的哲学家）的说法或论据。鲜有问题能被"彻底解决"，即便得出了答案，也会存留其他有待解决的问题。

全新的第四版将延续一个优秀却被人忽视的古代哲学传统——源自柏拉图的著作，他的作品都围绕着辩论、讲故事和学习——娱乐性贯彻始终。

也就是说，新版本历经了相当彻底的改变。我铭记住了一个非常明显的事实：不管是读者还是老师（把这样的书带入课堂），都不太重视讨论部分！他们更偏向于自己思考，自己作出解答。因此，本书的重点在于"问题"，并严格控制了讨论部分的篇幅。不是因为我觉得自己对哲学问题的讨论很无趣——事实上，我觉得这部分内容非常精彩！——只是我觉得，在一本致力于引人思考的作品里，不应该作过多的解释。

好了，废话不多说，我们来看第四版的内容吧！

马丁·科恩

2012年5月，法国阿基坦

如何使用本书

哲学是一种活动,甚至可以被视为一种思想实验。(这样的定义本身就是一种逻辑循环或悖论!)因此,我们不应当被动地接受问题,在针对问题展开讨论时更是如此。仅凭死记硬背也能对哲学思辨的技巧产生一定的了解,在掌握哲学原理方面打下不错的基础——但这种方式并不能使我们获得哲学思辨的能力。要做到这一点,就需要从批判的视角阅读本书,对书中的假设提出质疑,对书中的论点提出反驳。这才有哲学家的样子。不过,诡辩家和空谈家(这些人喜欢用花言巧语迷惑别人,或是在琐事上吹毛求疵)也是如此。所以,在阅读时需要注意以下几点:

1.虽然这本书(当然)会令人爱不释手,但请抵制住诱惑,千万不要过分痴迷地一口气把它读完。尤其是不要同时琢磨太多问题,而应该以较舒缓的节奏逐个或逐组展开思考。为了凸显这一点,同时为了方便读者,本书在章节设置上也作了特殊的安排,并有意留出了相当的空间,以鼓励读者进行反思,因而使得整本书的价值大大超越各章节内容的价值之和。讨论部分不是为了让读者迅速从中获得"答案",而是希望能帮助读者展开哲学思考。无论如何,在看到问题之后先停下来思考一番,再去翻看后面的讨论部分,会觉得更加有趣,问题本身也会显得更加有趣。伯特兰·罗素早已注意到,答案远不如问题重要。

2. 千万不要像我的一个朋友那样,试图用逻辑和"符号"去分解这些问题。他差点把自己逼疯,这是理所当然的,现在他沦落到去北方的一所大学里教哲学,可怜的家伙。

3. 最后,不要把这些问题生硬地套用在学生、孩子或自己的狗身上,更不要把整本书扔给他们,作为烦人的练习;因为只有渴望了解哲学的人才能更好地理解哲学,若是心不甘情不愿,甚至抱持着厌烦的态度,当然是学不好的。

我们可以从截然不同的角度来阅读《101个哲学问题》:一种是常规的、偏学术的方法,即逐一解决问题,并吸收其中的要点;但我认为,使用这本书(甚至是所有哲学书)最好的方式,就是把阅读的过程视为一场哲学之旅,沿途中,你会看到并记录下许多新鲜的玩意儿,但不要立刻对它们展开研究,更不要被它们限制住。这也许是最好的选择。结束这样一场旅程之后,你会发现自己比先前知道得稍微多了那么一点点。当然,也可能知道得更少了——但你终会发现,自己获得了许多新的知识。

哲学配图说明

每一部分介绍页的图片均由法国著名艺术家朱迪特特别绘制,十分契合所对应的哲学问题。每幅图都能体现出,人脑(如果不谈意识的话)确实分为两个部分:一边分析图像,一边分析文字。分析图像的那半边大脑要强得多。我想,从这个角度来看,这些图片既为本书增加了新的维度,也提供了一种解决问题的新方法。

从十个逻辑循环和悖论开始

1 牧场里的奶牛

农场主菲尔德非常在意那头名叫黛西的获奖奶牛。每当挤奶工告诉他，黛西正在牧场里悠闲地吃草时，他都会迫切地要求确认黛西的真实状况。哪怕说黛西安然无恙的概率能达到百分之九十九，他也无法放下心来，一定要确保它绝对安全才行。

农场主菲尔德走到牧场门口，远远地看见几棵树后面有个黑白相间的身影，应该就是他心爱的那头奶牛。他回到牛奶厂，告诉他的朋友，他确认了黛西就在牧场里。

农场主菲尔德真的知道黛西在哪儿吗？

挤奶工说他会再去确认一下，转身走进了牧场。他发现黛西正在灌木丛后面的一片洼地里打盹，站在牧场门口根本看不到她。挤奶工还发现，有棵树上夹着一大张黑白相间的纸。

? 正如菲尔德所想的那样，黛西确实在牧场里。但他说他知道黛西在哪儿，是正确的吗？

2 乌鸦

有位宫廷哲学家常常会被叫去对事物进行论证,这次是有位男爵跟他打赌,要他证明:

乌鸦都是黑色的。

哲学家意识到,自己必须去找到世界上的所有乌鸦,包括过去的、现在的,最好还能包括未来的所有乌鸦,验证它们都是黑色的,才能证明这一点。这样做可能要花很长的时间。于是,他(巧妙地)换了一种思路,那就是找出所有非黑色的鸟,看看其中有没有乌鸦。

哲学家随意地吩咐他的助手:"找出所有不是乌鸦的鸟,确认它们都不是黑色的。"这着实令人困惑,因为其他不是乌鸦的鸟也可能是黑色的。

问题依然存在:即便他们在查证的过程中,发现的每只乌鸦都是黑色的,下一次还是可能会出现其他颜色的乌鸦,比如,绿色的。

哲学家决定硬着头皮撑过去,他想好了该如何证明"乌鸦都是黑色的",并带着所有他认为可靠的证据回到了皇宫。他向聚集在宫廷里的众人宣布:

> 诸位大人、夫人们,答案很简单,我们把乌鸦定义为黑色的鸟。所以,绿色的乌鸦根本就不是乌鸦,只不过是一只绿色的鸟。虽然它与乌鸦的特征相似,但颜色不同,(根据定义)它就不可能是乌鸦!乌鸦都是黑色的!

掌声响起,但就在这时候,宫廷乌鸦的饲养员走了上来,手里还捧着一只难看的、病恹恹的鸟。

? "但是,"这位饲养员问道,"这只乌鸦生了病,羽毛因此变成了绿色,那它还算是只乌鸦吗?"

3

笛卡尔的大问题

我怎么才能确定，自己不是在做一个关于"101个哲学问题"的噩梦？

这绝对是场漫长得超乎寻常的噩梦，而且真实得可怕——但也只是片掩人耳目的迷雾，和现实生活没有半点关联，对吧？我怎么才能确定，自己不是落入了一个存心欺瞒的恶魔的掌控之中？

又或许是有一个恶毒的医生？在我遭遇某次严重的事故（肯定和吃了太多薯条三明治或是开车有关）之后，他挽救了我的大脑，然后一直把它泡在一大缸化学药剂里，用来做那种可怕的医学实验。他会用不同颜色的数据线给我的大脑输入虚假的"感知数据"：紫色对应听觉，黑色对应触觉，黄色对应味觉，蓝色对应视觉……？

4

绞刑法官

杜雷德法官曾审判过许多令他讨厌的人，但眼前这个从未研究过哲学却自诩为"哲学家"的人，才是真的惹恼了他。杜雷德说："我要让你这个罪犯明白诚实的价值。你已被判有罪，你是个骗子，是个坏蛋，为了保住自己的小命，多次在法庭上撒谎。不过，你还是没能逃脱正义的审判。本庭宣判……"（法官有意顿了顿，戴上了一副黑手套和一顶小黑帽）"……不日将你押赴刑场，执行绞刑。……不过，作为一名宽宏大量的法官，我会再给你一个认识到诚实价值的机会。如果在行刑当天，你能签署并公开一份真实诚恳的声明，我就改判你10年监禁。不过，要是首席行刑官判定你说了假话，你就得立即接受绞刑。"杜雷德法官发现，这个骗子对自己的话无动于衷，就又补充道："听着，这位首席行刑官可是逻辑实证主义行刑官俱乐部的成员，在她眼中，所有形而上学的废话都是假话，你别想着在她面前耍花招！好了，现在你有一天的时间来做决定！"

陪审团为法官公正严明的判决热烈鼓掌，法庭上的所有人都把目光投向了被告，为这个恶棍将被处以重刑，且要公开发表一份自取其辱的诚恳声明而倍感欣慰。不过，奇怪的是，在被带往死囚牢房时，他竟然在得意地笑。

行刑的日子到了，这个骗子面带笑容地在写好的声明上签了名，并把它交给了首席行刑官。首席行刑官读着读着，逾显慌张，她咆哮着把声明揉成了一团，下令释放这位哲学家。

? 这个犯人究竟在声明里写了些什么，居然能救自己一命？

5 兴都库什的理发师

兴都库什的统治者非常注重仪容仪表。他们颁布了许多关于着装和个人卫生的法令。其中最奇怪的一条法令专门发给了镇上唯一的理发师。统治者命令理发师给镇里的每个人理发,并且宣布,六个月之后,如果还有人顶着一头乱糟糟的头发,就把那人拉去砍头。作为回报,每给一个人理一次头发,理发师就可以得到一块银币。为了保证发型的统一,不允许任何人充当业余理发师——不允许私自帮朋友理发。不过,有些人一向都自己动手理发,为了确保理发师不会为了多赚钱而去给这些人理发,统治者命令守卫监视着理发师,一旦发现他违反了规定,就要砍掉他的手。

起初,理发师还很高兴——他觉得自己能赚到成堆的银币。不过,没过多久,他突然想到了一件事,吓得浑身发抖。

给别人理了一整天的头发之后,他没有收取报酬,而是连夜潜逃进了大山里,一躲就是20年。

? 这位理发师为什么要放弃发财的机会,突然逃走?

6 学校小卖部的难题

两个女生在翻学校小卖部的窗户时刚好被抓个正着,女校长吉布博士严厉地要求她们承认,先前小卖部多次失窃都是她们所为。但她们并不肯承认。女校长就让其中一个女生先出去,留下另一个单独谈话。

"简,"她难过地说,"如果你主动坦白,事情就容易多了。只要你承认,我可以减轻对你的处分,只停你这一学期的课。"

这个可怜的女孩哭着说:"可真不是我偷的呀。"

"你如果真的没偷,那就用不着害怕。不过,要是珍妮特等会儿向我承认,你们俩都偷了东西,而你对我撒了谎,我绝对会开除你!去隔壁把珍妮特叫过来,你自己待在那儿好好想想我刚才说的话。"吉布博士把珍妮特叫进了她的办公室,和她说了差不多一样的话,之后让她在另一间屋子里好好斟酌。

半个小时过后,她去问简,现在愿不愿意承认偷了学校小卖部的东西。

? 不管简是否真的偷了东西,她要怎么说,才能最大限度地减轻校长对她的处分?

7
普罗泰戈拉的问题

尤阿斯洛斯曾跟随普罗泰戈拉学习怎么当律师，普罗泰戈拉十分慷慨地承诺，在打赢第一场官司之前，尤阿斯洛斯都无须支付任何学费。然而，令普罗泰戈拉颇为恼火的是，在自己花费了大量时间对他悉心教导之后，这位学生最终却选择做了音乐家，压根就没出过庭。普罗泰戈拉要求尤阿斯洛斯赔偿损失，并在遭到拒绝之后将他告上了法庭。普罗泰戈拉认为，如果尤阿斯洛斯输了这场官司，那么自己作为胜诉方，自然能拿到那笔学费；如果自己输了这场官司，那么尤阿斯洛斯作为胜诉方，按照先前的约定，如今已成为音乐家的尤阿斯洛斯还是要付清这笔学费。

尤阿斯洛斯却有不同的看法。他心想：这是我打的第一场官司，如果我败诉了，那么按照先前的约定，我就无须支付任何学费；如果我胜诉了，普罗泰戈拉就无权强制让我履行约定，所以我还是不用支付任何学费。

? 他们俩不可能都对。那么，究竟是谁想错了？

8
意料之外的考试

某天，在逻辑学选修课上，老师宣布要进行一场考试，测验一下本学期的学习成果，尤其是亚里士多德的256种逻辑形式。老师还补充说，考试是因为他们班学得太慢，人也太懒，这话着实有些伤人。大家都很不高兴，开始低声议论，并郁闷地问道："那究竟什么时候考啊？"

老师笑了笑："这个看我心情。从现在起，到本学期结束的最后一天，随时都有可能。不过，有一点我可以向你们保证，那就是考试一定会在你们意料之外的时候进行！"

放学后，鲍勃和帕特里夏聊起了这个坏消息。鲍勃的记性很差，所以非常担心。他说："如果我知道考试时间，就会提前一晚把所有内容复习好，那样我肯定能通过考试。"

"别担心了，鲍勃。"帕特里夏说，"老师应该只是在逗我们玩——我觉得他根本就不会组织考试！"

她解释说，考试不可能被安排在本学期的最后一天，因为到了前一晚，大家都知道第二天肯定要考试，就会抓紧时间记忆知识点。"太棒了，"鲍勃得意地说，"也就是说，考试会在从今天开始,到学期末倒数第二天之间的任意一天进行?"

帕特里夏耐心地解释道:"也不可能在学期末的倒数第二天,因为如果本学期的最后一天不可能有考试,那么到了倒数第二天的前一晚,大家也都会知道第二天要考试了!"

鲍勃这下总算明白了:"倒数第三天不可能,倒数第四天也不可能——哪天都不可能有考试!哈!真好笑——老师就是想让我们担惊受怕!——他根本就找不到那个意料之外的日子来进行考试。真是个老傻瓜!"

他们没把这个"真相"说出去,其他同学都花了很长时间去背256种逻辑形式和其他有的没的,鲍勃和帕特里夏就偷偷地笑他们。直到有一天,就在通知会有考试的一周之后,老师走进教室,说马上开始考试。

"你不能这样!"鲍勃说。

"为什么?"老师有点儿惊讶(但也不是很惊讶)。

"因为你说过,会是场意料之外的考试——只有在我们意料之外的时候才能考!"

"没错,不过鲍勃,现在考试不就是你意料之外的事了吗,我现在就要开始考试。"老师用教训的口气说道。

? 是鲍勃的推理有问题——还是老师太虚伪?

9 船长索瑞迪斯

希腊人的造船技艺非常高超。他们建造了一艘特别先进的战船,船体采用了特殊的设计,极其坚固,能直接撞击敌方的战船。据说,这艘战船得到了诸神的庇佑,能撞沉任何一艘战船,且自身永远不会沉没。船上那群快乐的奴隶水手们给这艘战船起名为"霹雳号",因为它曾在多次突袭中,成功撞沉多艘敌船。如今,它的船首需要进行修理。事实上,这艘船要大修,将近一半的木板都要进行替换。

出于对这艘战船的尊重,自豪的市民们把替换下来的旧木板,甚至那些弯曲、生锈的钉子都保存了起来,希望有一天能用这些材料做个雕塑,来纪念这艘伟大的战船。第二年,"霹雳号"又屡建奇功,但到了冬天,虽然上回新换的木板还完好无损,但另外三分之一的木板也需要更换了。事实上,来年春天出海时,旧木板显然不如新换的木板结实,于是船长索瑞迪斯下令返回港口,把所有剩下的旧木板都换了。一不做二不休,他还下令把船帆和其他配件全都换成了新的,确保在一年一度的海军大阅兵时,这艘战船能以最佳的状态现身。

和先前一样，人们把从战船上拆下来的所有部件都精心保存了起来。不过这一次，发生了一件有意思的事。当"霹雳号"外出征战时，港口的人们出于善意，用那些旧木板和钉子精心建造了一艘同样的船——那些部件破损得太严重，所以它并不能算是艘战船，"霹雳号"战绩辉煌，这艘船就相当于一座陆地上的纪念碑。

"霹雳号"再次返航，这一回，它的战绩有些惨淡。在海上作战时，它曾多次尝试撞击敌船，但要么撞不中，要么就撞不沉。甚至有一次，它那威名赫赫的船头都差点折断，而敌船却几乎毫发无损地开走了。

疲惫的水手们返航进入港口，突然，他们指着岸上的某个东西开始交头接耳地议论了起来。原来，岸边架着一艘经过特别加固的战船，跟出海的"霹雳号"一模一样。唯一的区别就是，那艘战船上有一块写着"原霹雳号"的牌子，吸引人们上去参观。

"白痴！"索瑞迪斯对那些自豪的居民们破口大骂，"造了这么个玩意，我们的战船就不再是'霹雳号'了！现在唯一受到诸神庇佑的战船就是架子上这堆没用的烂木头！"

居民们完全不认同他的说法。为什么呢？毫无疑问，船长驾驶的战船在经过首次维修之后，仍然是原来的"霹雳号",经过第二次维修之后也还是唯一的"霹雳号",第三次的小修小补就更不可能改变这一事实了。难道船长真的认为,在拔出最后一根原装钉子之后,它就突然不再是那艘赫赫有名的战船了吗?他们只不过是造出了第二艘"原版"霹雳号。无论如何,如果真有一艘原版霹雳号,那它也不是实物,而是一种意念,也许就存在于设计者的心中。索瑞迪斯觉得居民们的说法简直荒谬,坚持要把那艘用作纪念的战船拆除,一把火烧个干净,就连钉子都要彻底融掉。

烧毁"原霹雳号"之后,"霹雳号"的海上作战能力似乎并未恢复多少。在此后的许多年里,人们一直在抱怨,船长烧掉了希腊唯一一艘得到诸神庇佑的无敌战船。

? 三艘战船,哪一艘才是原来的"霹雳号"?

10
预言海战的问题

卡桑德拉虽然是个希腊人,却一向都有点儿怕水。因此,当她从一位哲学家朋友那里听说,近海区域隔天将有一场海战时,她几乎吓破了胆,慌忙赶到希腊的海军上将那里,警告他说,一旦按照计划开战,就会蒙受巨大的损失。

"真是一派胡言!"海军上将以前就收到过她的警告,因此完全不以为意,"我会多加小心,但我们的军队不可能因为一个妇人的意见就缩在港口里!"第二天,他率军出海,竟真的遭遇了一场极其严重的海难。

现在大家不得不信,卡桑德拉确实说中了。后来,卡桑德拉又预见到了多次军事灾难,准确率高达百分之百。很快,如果没有得到她的许可,所有士兵和水手都不愿意出战。

保障国家安全的活动因此受到了制约,海军上将心有不满,雇来了几个爱唱反调的"专业选手"——两名诡辩家和两名哲学家——试图动摇卡桑德拉的信誉。诡辩家无计可施,哲学家则提出了所谓"杀手锏"的理论(只针对国家安全受到威胁的情况)。

他们声称，卡桑德拉的预测根本不可能是真的，因为未来还没有到来。就算卡桑德拉说的没错，海战可能会惨淡收场，海军上将也可以提前采取一些行动来避免这样的结局，比如偷偷破坏敌方旗舰等（现在看来，这位海军上将应该很希望自己当时这么做了）。这样一来，卡桑德拉的预言自然就会落空。所以，哲学家们表示，卡桑德拉说的不是真相——可能是假话——他们还"不确定"，因为事件本身还未尘埃落定，要继续看下去才能确定。

卡桑德拉坚决不同意。她气坏了。她说，自己不是单纯预测，而是在描述实际将要发生的事情，她的话和其他陈述一样真实可信。大家可以等时间证明一切，但如果大家放任这两个哲学家抹黑她，她就必须要问上一句：为什么那些关于过去——甚至是关于现在——的陈述会被判定为真话或假话？她不屑地说，这两种陈述都应当被判定为"非真非假"，有待核实才对呀。

? 这番话引起了广泛的讨论。民众到底该相信谁？

八种棘手的道德困境

11

飞往香格里拉的999次航班

在一场猛烈的暴风雪中，999次航班偏离了航线，坠毁于喜马拉雅山脉。机上三人竟奇迹般地得以生还。准确地说，应该是两个半人，因为其中那个小男孩伤势颇重，根本无法动弹。不仅如此，熟悉此类状况的飞行员说，他们偏离航道太远，被救援人员发现的概率十分渺茫。更糟的是，如果他们再在这样的环境里待上一两天，就全都会被冻死！他们只有离开飞机，爬上山，到山顶的修道院里去，才可能抓住一线生机。这段路程大约需要两天。另一位幸存者是个身体状况还不错的年轻人，他爽快地答应了去试着登山。但他提出，为了活下去，他们得吃点儿东西。他把飞行员叫到一边说，现在唯一可以充当食物的就是那个受伤的小男孩！

小男孩绝无机会活着离开这里，况且，他们要想能坚持走到修道院，就得立即带着食物出发。那么最好的方法就是"人道地"杀死小男孩，把他煮熟当干粮。当然，他们更情愿去吃雪兔或其他什么东西，但情急之下……

不如就……

飞行员不同意。他拒绝杀死小男孩。另一个人非常气愤。"你知道的，我不是要杀人！"他怒吼道，"我是在减轻他的痛苦！"他向飞行员讲述了一个"真实的"案例，先前在飞机上看杂志时，他十分凑巧地看到了那篇文章。好像是在几年前，加勒比海上的一艘小型游艇撞上了一块岩石，并开始慢慢下沉。游艇上有两艘可搭载6人的橡皮艇，但很不幸，其中一艘橡皮艇有些破损。极限情况下，每艘橡皮艇最多可搭载5人。再多1个人就会翻船。必须要有人牺牲自己成全其他人。可是没有人愿意这样做。于是，船长迅速作出了决定。他自己（肯定）不能留在要沉没的游艇上，因为他还要带领其他乘客逃生。当他发现有位游客坐着轮椅时，他大喊着："人不为己天诛地灭！"然后就跳上了橡皮艇。其他乘客也纷纷跟了上去，当然，不包括那个坐着轮椅的可怜人。他们狠下心，对甲板上传来的声声呼救充耳不闻，划着橡皮艇迅速离开了。

> **?** 那个幸存者问飞行员，你能说，那些乘客都做错了吗？

12

卡涅阿德斯的船板

在令人百般煎熬的坠机困境之前,人们已经被木板的问题困扰了多年。古希腊时期,塞利尼的卡涅阿德斯构想了一项关于船板的思想实验。

假设有两名遭遇了船难的水手,我们可以叫他们罗宾和克鲁索。他们的船只在风暴中不幸沉没,拼命扑腾的间隙,俩人同时看见不远处漂着一块船板——但只能承受住一个人的重量。罗宾奋力游动,率先趴到了船板上——克鲁索稍晚一步。克鲁索觉得(确实没错)要是没有这块船板,自己会死在这里,于是就把罗宾推下去,趴在船板上划走了,任由自己的同伴淹死。

不久之后,克鲁索被另外一艘船上的人救起。卡涅阿德斯(当然,还有那位船长)提出的问题是:

? 要以谋杀的罪名起诉克鲁索吗——还是说,他的行为属于"自卫"?

13

可疑的捐赠诊所

地下器官诊所的德迪凯蒂特医生手里有五名患者,他们都因为某一器官的衰竭生命垂危。一个需要换心,一个需要换胃,一个需要换肺,诸如此类。你懂的。他们都需要更换器官,但很不巧,目前根本就没有合适的供体,总之就是无法即时进行手术。这些患者都快不行了,除非……德迪凯蒂特医生这里还有一个刚完成手术的患者正在康复病房里安静地休息。把第六位患者当成紧急器官供体的话——这其实是唯一的办法——我们的好医生就可以救活那五名患者。(当然,这样一来,那位患者就活不成了。)德迪凯蒂特医生觉得,老天对那五名患者实在不公,他们都是非常好的人,但他也有些担心,这样做,对另一位患者来说可能有些"不合适"。

? 一换五显然很划算,但这样做合乎伦理吗?

14

著名的人行道困境

弗雷德在回家的路上总要经过铁轨上的那座人行桥。有一天,他在过桥时望向栏杆外,就看见了一辆失控的"台车",是一节小型列车。不知怎的,那辆列车完全没有刹车的迹象,以惊人的速度左摇右摆地沿着铁轨往前冲。再过几秒钟,列车就要从人行桥下穿过,撞到那几个铁路工人(都怪政府的私有化政策——这人道吗?)。他们没经过什么训练,午饭就吃点塑料盒子装的三明治随意打发,也没留意是否会有危险。列车马上就要从桥下穿过,把他们碾死了!

从他现在所站的位置,弗雷德可以清楚地看到信号室里的信号员,那人完全没有意识到即将发生的悲剧。粗一计算,弗雷德可以肯定,只要他现在提醒信号员调整接驳点,列车就能及时地驶入另一条轨道。问题就在于,另一条轨道上也有人——那个老太太什么都不知道,还在专心地抓蝴蝶往罐子里放。

? 弗雷德是该提醒信号员,让失控的列车驶入另一条轨道,撞上那一个老太太——还是什么都不做,眼睁睁地看着那五名正在吃饭的铁路工人就此死去?

人肉炮弹

没错!没错!没错!弗雷德觉得这根本不需要思考。他对着信号室里的信号员大声喊叫,疯狂挥手,但——妈的!——(虽然也没什么好意外的)那人压根没明白他的意思,什么都没做。他也来不及去信号室自己动手操作了。要是能有个什么大东西,比如说,能有块大石头砸落到铁轨上多好!这样一来,列车就会脱轨,大家都能得救。这里当然没有石头。只有个大块头年轻人,带着随身听坐在人行桥上卷香烟,他坐的位置刚好正对着铁轨。就在这时候,年轻人注意到了弗雷德,开口向他借火。这就给了弗雷德一个绝佳的机会,他完全可以趁机把这个年轻人推下去,用他的血肉之躯阻止这场灾祸。

这对弗雷德来说,可真是个两难的抉择。

? 但是,为了救下那几个工人,就要把另一个人从桥上推下去,夺走他的生命,这真的合理吗?

15

不是十分典型的音乐困境

来看看这个关于个人隐私——节育的哲学故事吧。有两位医生在讨论一位孕妇的事,她有些担心自己肚子里的孩子。其中一位医生解释说,她已经生育了四次,第一胎生来就看不见,第二胎没活成,第三胎生来就是聋哑人,第四胎患上了肺结核。紧接着,他问另一位医生,他们该给这位母亲怎样的医学建议?

你觉得呢?

"呃,"另一位医生说,"我应该会建议她终止妊娠。"
"干得漂亮!"提问的医生说,"那你就杀死了贝多芬!"
这是第一个故事。第二个故事更简单。

西蒙和海伦都是崇尚不羁生活的现代青年。他俩躺在床上,海伦突然问:"西蒙,我们要做爱吗?"西蒙表示拒绝:"算了吧宝贝,我累了!"然后翻了个身准备睡觉。海伦很生气,一阵猛戳,让他打起精神来。"干得漂亮,西蒙。"她说,

"你刚好扼杀了下一个贝多芬!"

? 不过,真是那位医生——或西蒙——杀死了贝多芬吗?

16
谁的孩子？

珍妮特和约翰这对幸福的夫妻想要一个孩子，但是出于各种生理原因，总是不能如愿。还好，约翰经济实力尚可，他们就找到了阳光之乡医院的顶尖试管婴儿顾问——斯皮克先生。斯皮克先生帮他们在阳光之乡的试管婴儿诊所安排了一个名额。该诊所与当地大学有在进行中的长期合作项目，接受男大学生捐赠精子，因此诊所内储备的男性配子非常充足（#32008967-897）。他们还找到了一位漂亮的年轻女性（#1467B），她希望"用自己的卵子帮助别人"，愿意提供最关键的女性配子。

一枚卵子在试管中成功受精，随后，胚胎就被移入了阳光之乡代孕母亲伊迪丝·霍尼杜的体内（她将获得一笔可观的代孕费）。一切都按照计划进行着，九个月后，6磅4盎司重的萨姆就出生了。

到目前为止，事情都很顺利。斯皮克先生打电话联系这对准父母，想要告诉他们这个好消息。但在这节骨眼上，却出了一个问题。珍妮特和约翰已经离婚，不再想要一个共同的孩子了。事实上，珍妮特正在和一个结过婚的男人约会，对方有很多孩子。而约翰在看到孩子的照片时，就说他长得"太一般"，自己一点儿都不喜欢。斯皮克先生对珍妮特颇有微词，却能理解约翰的心情，但既然他们已经付清了费用，他也没办法让这俩人回心转意。他只好打电话给霍尼杜太太，告诉她可以留下这个孩子的好消息。他甚至表示，可以多付给她一笔钱，没什么恶意，只是用来"防备不时之需"。

霍尼杜太太并没有动心。她说，这个孩子并不是她的，而且她根本就不想再要一个孩子。她当时只是同意为这个孩子付出9个月的时间，而不是搭上自己的余生！她反倒觉得斯皮克先生和阳光之乡诊所应该为此事负责！诊所负责人一下子就慌了，诊所的律师试图找出孩子的生理学父母——捐赠者#32008967－897和#1467B。一番调查后，他们发现，那位捐精者的登记姓名是M.老鼠，登记住址是英格兰布里斯托尔附近切达市老鼠洞，根本就是假信息。就连那位漂亮的年轻女性——捐卵者#1467B，也不是什么好脾气的人——她因为"卵子被浪费了"而大发雷霆，并且表示自己不想和这个孩子扯上半点关系。

? 可怜的斯皮克先生看着在婴儿床上咯咯笑着的萨姆，还是想不明白——这究竟是谁的孩子？

17

潜在的问题

格林太太想去爬山度假。几天前,她发现自己意外怀孕,于是立马去医院取出胚胎,将其深冻保存了起来。她准备等度完假之后再把胚胎植回子宫,把她和格林先生的这个孩子生下来。

假设一切都按照计划进行下去,格林太太也没做错什么,对吧?

然而,格林太太在路途中遇见了一个比格林先生更好的男人。回家之后,她立即就和格林先生离了婚。她放弃了保存在医院里的胚胎,怀上了新男友的孩子。

? 格林先生斥责她耍无赖。可能吧。但她仅仅是耍无赖吗?

18

被医生绑架的病人(事件一)

托妮·切斯特纳特在过马路时,被一辆超速行驶的货车撞飞,不省人事地倒在了路边。

恢复意识之后,她发现自己正躺在病床上,身上连着许多机器。医生说,她得住院六个礼拜。

起初,托妮对命运和医护人员都充满了感激。但几天之后,当身上的淤青消失、伤口愈合,她发现自己其实已经完全康复了。她愤怒地责问道,为什么还要连着这么多机器?她开始挣扎,试图摆脱这些禁锢。

医生们立马冲进病房,强行制止了她。"切斯特纳特小姐,"他们坚定地说,"这些机器绝对不能停。你瞧,隔壁病床的病人还得靠你的肾活着呢。你刚被送过来的时候,这人的肾就失去功能了。"

托妮十分诧异:"你是说,你们在用我的肾维持别人的生命?"医生严肃地点了点头。"但你们不应该先征得我的同意吗?"

医生解释说,她当时因为事故陷入了昏迷,而他们必须立刻采取行动。他们也承认，这样的安排对她来说有些许不便，不过，他们依然认为，权衡利弊之下，这是个非常明智的选择。

托妮并未被说服。"这太不像话了！"她说，"我要拿回对自己身体的控制权。"

医生们面面相觑："好吧，切斯特纳特小姐，如果你坚持要这么做，我们只能尊重你的决定。不过，你要是知道自己帮助了谁，可能就会回心转意了。"会诊医师告诉她，那位病人是著名的生物技术专家，其研发的新水稻能够满足数百万人的生活需求。

托妮无动于衷："我不吃那种高脂肪食物。"另一名医生恳切地表示，这位科学家还有情人和三个孩子，他们的命运如今也完全掌握在她的手上，托妮依然没被说服。"这又不是我的责任，"她说，"我有权掌控自己的身体！把这些管子拔掉！"

> **?** 医生是否应该把自由还给托妮——即便这意味着，另一位病人将失去生命？

19

被医生绑架的病人（事件二）

这时候，一位资深护士过来说道："切斯特纳特小姐，你现在的处境确实很令人难以理解。但你所认为的不便其实并没有侵犯你作为一个女人的'基本权利'，这应该是公认的事实吧！"

"你这话是什么意思？"托妮很是困惑，暂时停止了挣扎。

"我是说，"护士接着说道，"你现在面临的不便是每个孕妇都要经历的，为了将要出生的孩子，孕妇需要忍耐的时间可比你还要长——要是你有了孩子，肯定不会计较这些。"

"那也是我自己的选择呀。"托妮觉得她的话有点道理。

"那么，切斯特纳特小姐，如果孩子是意外怀上的呢？"护士回问道。

"那也是我心甘情愿的。"托妮似乎有些犹豫。

资深护士转过身对其他医生说："我在想，切斯特纳特小姐是不是因为头部受到了重击，所以没办法自己做决定？"有些医生不住点头。其中一人想起和托妮亲属商量的时候，已经达成了一致意见。"我在切斯特纳特小姐昏迷不醒的时候，就咨询过他们,他们十分肯定她不会介意。我觉得如果她精神恢复正常,一定会同意的。要不就用镇静剂吧。"

托妮尖叫着不断挣扎,医生迅速给她打了一针,药效上来,她又在床上昏睡了五个半星期。托妮苏醒后发现,身上的管子都被拔掉了。医生把事情始末全盘托出,告诉她可以出院了。托妮回想起自己当时暴怒的样子,觉得非常羞愧。她对全体医护人员表示了感谢,还给那位生物技术专家送去了一大束鲜花。

?　医生们的做法到底对不对?

20 乌龟

从前有一个非常公正的人。某天,他到田地里干活儿,发现了一只漂亮的大乌龟。这个公正的人此时非常饥饿,而且他很喜欢喝龟汤。

所以,尽管乌龟不停地哀求,他还是把乌龟装进麻袋里带回家,点起火,烧了一大锅水。但是,出于本性(也可能是他意识到,杀乌龟会给人带来厄运),当他把可怜的乌龟从麻袋里拿出来后,并没有直接把它扔进锅里,而是小心翼翼地在锅上摆了一根竹竿,又小心翼翼地把乌龟放在竹竿中央,说道:"乌龟先生,如果你能沿着这根竹竿爬到锅边而不掉到锅里——我就放了你!"

乌龟是种长寿且智慧的生物。这只乌龟虽然并不相信人类,但它也知道,如果不试一把,自己立马就会被煮成一锅汤。因此,尽管竹竿很细,当它在沸水上方挪动的过程中还晃得厉害,乌龟还是鼓足了勇气,一寸寸地爬到了锅边。

公正的人目睹了这一切,惊讶地拍了拍手。"真厉害!"他由衷地高兴,"不过,请你现在再试一次!"

? 这只乌龟哪里做错了?

六个烦人的数字问题

21
惊人的好运气

找个人，测试一下他对随机性的概念。跟他打个赌。你来扔20次硬币，如果连续4次"背面朝上"，就算"你赢"；如果扔不出，就算"他赢"。当然，因为成功的概率很小，所以赌注对你比较有利：打个比方，如果你赢了，他就必须给你5兹罗提[1]；如果你没能连续4次扔出背面，只需给他1兹罗提。这样规定就是为了体现在区区20次尝试中，连续4次扔出背面的概率有多低。

疑心重的人可能会接受打这个赌——但会要求把规则改成连续4次扔出正面。我们可以容忍他们的小狡猾。因为这背后并不存在阴谋诡计。

年轻人可能会希望赌注更大胆一些，比如"我输了就脱掉衬衫，你输了就把衣服脱光！"如果是烂醉如泥的俄罗斯哲学家，可能就比较喜欢不确定的刺激感，比如用没装满子弹的左轮手枪指着对方脑袋。要是没人愿意和你打赌，你也可

---

[1] 编者注：兹罗提是起源于中世纪波兰的一种传统货币单位。

以自己跟自己玩。那样更稳妥。我劝你，还是不要选俄罗斯轮盘赌。因为哲学家可不会贪图侥幸。

? 不过，要是赌注不温不火，这个赌还有意思吗？

22

无穷大旅馆

宇宙尽头有一间无穷大的旅馆,属于扎克·布希博德基金会。只要有客人入住其中的一间房,基金会就会再扩建两间房。因为可以保证随到随住,所以客人们都很喜欢这间旅馆。

扎克的生意伙伴哈里嗅到了商机。他辞了职,另开了一家同样规格的"无穷大旅馆"。但他一定要比扎克做得更好——否则,客人们根本没必要换旅馆住。于是,哈里发誓要把旅馆建得更大。

但是,怎样才能拥有比"无穷大"还多的房间呢?

"呃……"哈里的经理想了想,"最简单的方法就是,我们把所有客房都隔成两个同等大小的房间。毕竟为了体现无穷大旅馆的特色,每间客房都很宽敞。这样一来,原先住1号房和2号房的客人可以搬到1a号房和2a号房住,1b号房和2b号房就可以空出来,等待下一批客人入住。"

哈里非常满意,开始对外宣传说,自己旅馆的客房数量是无穷大旅馆的两倍。

看到广告,扎克差点被嘴里的玉米片噎住:"我要教训教训他!他竟敢说房间数比无穷大更多!"扎克向广告标准委员会举报了哈里,因为"不可能有比无穷大更大的数字"。

? 谁是正确的?广告标准委员会应该如何裁定?

23

芝诺的空间悖论

这很简单:

> 如果一切存在的事物都有其位置,那么该位置应当也有其所在的位置,以此类推,永无止境。

亚里士多德在《物理学》(*Physics*,第208节)中对这一话题进行了延伸:

> 物理学家不仅要有对空间的认知,也要有对无限的认知,即是否存在这样一种东西,它的存在方式是什么,以及它是什么——因为大家公认假定存在的事物都有其所在,不存在的事物则无处存在——羊鹿在哪里?斯芬克斯在哪里?——因为从一般意义和本义上来说,运动就是位置的变化。

然而，万物都应有其所在（当然，不包括羊鹿和斯芬克斯）……

? 宇宙究竟在哪里？或者换句话说，宇宙本身"在"什么之中？

24

庞加莱的问题

在一个遥远的星球上居住着一群气态人——就叫他们"乔米特人"吧。他们确实很奇特,但在许多方面,与我们也并没有太大的不同。要想知道最关键的区别是什么,你就得对他们的星球多了解一点。

他们的星球完全由气体构成。最核心处的温度非常高,这里是气体进化成人的地方,也是乔米特人的日常居所。星球表面的温度却非常低。事实上,是绝对零度。(下文中会作出明确的解释。)

乔米特人在星球上活动时,会发生一些微妙的变化。因为温度的改变,离核心地带越远,他们的体型就会越小。而且不仅仅是他们,星球上所有的生物和物品都遵循着这样的规律。所有事物都会同步发生变化,所以仍能很好地保持平衡状态。

有一年,乔米特人决心要去探索星球的表层空间,于是建造了一个巨大的梯子,笔直地伸进云端。一位几何学家登上了天梯往上爬,他将负责测量这个气态星球的实际规模。

民众兴奋不已，但在几天之后，这位几何学家回来说，天梯根本不够长，那份狂喜也就消散了。

乔米特人年复一年地加建天梯，但似乎只是徒劳。因为每次派去测量的几何学家回来都说，天梯还不够长。

事实上，当乔米特人沿着天梯往上爬时，他们自身和天梯都在不断地缩小，小到他们根本不可能到达星球的表层。（绝对零度的环境下，他们会收缩到不存在。）随着他们越爬越高，周围的温度越来越低，与此同时，天梯的台阶、他们的测量尺——等等一切——都变得越来越小，所以他们也察觉不到变化的发生。最后，乔米特人总结说，自己的星球是无限大的。但事实并非如此。

? 问题是，谁的测量标准才"真实可信"呢？

25

神秘的三角形

这是一项非常神秘的实验,源自思想实验的边界地带:数学。

假设有4个美丽的图形,如下所示。

它们可以组成一个大图形:以小正方格为单位,长为13,高为5。不仅如此!移动这4个图形(还是之前的那些——不相信的话,你可以自己核查!),就能拼成一个新的图形,看起来和先前一模一样。新图形也是长为13,高为5。不相信的话,你可以自己数!但现在,图形上出现了一个缺口。

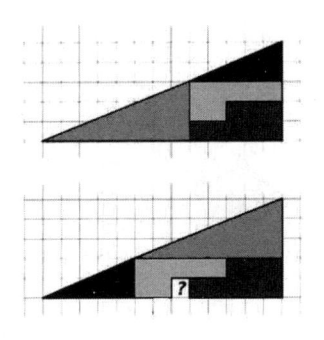

这个缺口从何而来？

我们可以——确实该这么做——在方格纸上分毫不差地描出这个神秘的三角形（为了方便计算面积）。但那神秘的缺口……

这两个图形都是由同样的4个小图形拼成的，下面的图形却比上面的图形少了一小格。

> **?** 这个缺口打破了"数的守恒"这一基本概念，也破坏了整体观感。它究竟从何而来？

26

蕨类植物

无标题数学图像和对生命的探索

科学和哲学有一个共同的传统,即把事物拆解开,观察它的作用机制。因为将复杂的事物拆解为较简单的元素,能够帮助我们更好地认识它。但在某些数学领域内,存在着一件怪事:在探究简单事物的过程中,情况会变得越来越复杂。

举个例子,只需要几条普普通通的方程式[1],就能绘制出一张蕨类植物的图像。计算机(或有耐心的人)可以测算不同的"x"值,将结果标为图像上的一个小点。几百次之后,就会出现一个神秘的图像——是株蕨类植物吗?数千次之后,就没什么好怀疑的了。几行简单的数学方程式,就能绘制出一种像是深山铁角蕨的复杂植物结构。

---

[1] 关键就是反复计算并代入这个方程式的值:$T(x, y)=(ax+by+c, dx+ey+f)$。"密码"不过是系数$a$、$b$、$c$、$d$、$e$和$f$。

不过，因为来得太过简单，所以得出的图像虽然结构精致，却显得毫无生气。它看起来就像蕨类植物的一片叶子，没错，但在现实中，蕨类植物的叶子可不会这样"一个点一个点"地生长。最开始时，绿色的嫩叶紧紧地卷曲着，随着春日的临近慢慢"舒展开"，再成长、翻转，朝着有光的方向伸展。我们绘制出的图像只是件奇怪的复制品，根本不真实。

? 这尚且不能揭开生命起源的谜团，但是否能提供些线索……？

关于美丑的审美问题

27

假货和赝品

斯诺迪勋爵买了一幅新画,出自荷兰著名画家范·德莱弗之手,画的是几枝插在花瓶里的郁金香。

"这幅画太棒了,"每当有客人来访,斯诺迪都会对他们说,"看这笔触,这色彩——真是杰作啊!"直到有一天,著名的美术史学家莫里斯·丹斯也前来拜访。

"啊呀呀,"莫里斯看到了那幅画,"你这是买了张假货吧。瞧瞧这特殊的笔触和色彩——根本不是范·德莱弗的作品——这是他的学生范·鲁热画的。"

"谁?"斯诺迪难以置信地大喊道,"那是谁?"他的朋友解释说——范·德莱弗曾让范·鲁热临摹自己的佳作,再便宜卖给一些不那么重要的客人。

"你这幅画可能还不如装它的画框值钱呢!"莫里斯最后说道。

可怜的斯诺迪勋爵。他觉得自己的脸都丢尽了。他把这幅可恨的画塞进了阁楼。这幅画既没有什么独创性,也没有任何价值。他都想不通,自己当初怎么会那么喜欢它。

六年后的某一天,斯诺迪在《电讯报》上看到了一篇文章,说艺术专家们发现,范·德莱弗的所有佳作其实都出自他的学生范·鲁热之手。是范·鲁热把老师那些俗套、陈旧的灵感转化成了艺术品。文章最后写道:"如今,范·鲁热作品的价值得到了高度认可——他才是真正的文艺复兴艺术巨匠。"

> **?** 斯诺迪勋爵会怎么想?这幅艺术作品得到的评价波动如此之大,他能不能冒险把它挂出来?这幅画一直以来都是一幅佳作吗?

28

弗拉什·巴格曼

（还是关于假货和赝品的问题……）

灰塔学校的生活极其无聊，为了解闷，有个叫多宾的男孩成立了个午餐俱乐部，取名叫"好奇问题"。这个俱乐部其实是个讨论小组，讨论的话题相当广泛。因此，多宾养成了搜集的习惯，他会把自己查到的资料都记在一个小笔记本上。有一天，他突发奇想，要把这些问题汇编成册，并起名为《好奇问题集》。

其中有一组叫"十大森林奇观"（Ten Woodland Wonders）（"奇观"和"漫步"在英文中是谐音词，这也是一语双关），里面的问题都与树有关，比如"世界上最古老的树是什么树？"还有一组叫"十大河流之谜"，里面都是些与河流有关的问题。这些问题在俱乐部内都很受欢迎，而且，尽管校刊的编辑弗拉什·巴格曼认为，这部问题集内容太多，太沉闷，但有位老师还是把它的副本贴在了学校的公告栏上。

某天的早餐时分，多宾吃着燕麦，他爸爸站在洗碗池边清洗餐具，他妈妈则拿起了当地的报纸，挑了篇她觉得全家人都会感兴趣的文章读了起来。

"就读于灰塔学校的本地男孩弗拉什·巴格曼因编纂了一部既有趣,又有教育意义的问题集而获奖,书名为《世界上最古老的树及其他有趣的问题》。在'优秀学生'颁奖典礼上,他被授予了'最佳原创作品'奖。他说,自己一向着迷于森林、河流方面的知识。"

听到这话,多宾差点被燕麦呛住!他知道弗拉什这个人。弗拉什总是拿着根小短棍在灰塔学校的走廊里来回晃荡,他的朋友(也有人说那是他的狗腿子)布莱恩斯总是跟在他身后。据说,那个布莱恩斯曾入侵过学校的计算机网络系统,知道怎么改动每个人的成绩,也曾"阻挠"多宾编纂的问题集登上校刊。除此之外,他俩就只接触过一次。当时,多宾向弗拉什提出,他成立的午餐俱乐部(名为"好奇问题俱乐部")和自己的"好奇问题"俱乐部名字太相似了,容易被人弄混。弗拉什就说,他的俱乐部将成为校内最大的俱乐部,多宾的俱乐部则肯定会"解散"。不管怎么说,这两个名字还是有差别的,因为弗拉什多加了"俱乐部"这三个字。多宾表示,自己会去老师那里问问他们的想法,自诩"友善"的弗拉什就在他的俱乐部名字上多加了一个撇号,将其改成了"好奇问题的俱乐部"。

这一回,多宾知道,弗拉什又弄了一部类似的问题集。

他把自己搜集的内容稍加修改,"借鉴"了自己的创意,剽窃了自己从图书馆里查来的许多"问题"和"内容"。所以,第二天到了学校,虽然害怕弗拉什可能会用那根短棍行凶,多宾还是向他提出了抗议,认为弗拉什至少要承认"借鉴"了自己的创意。多宾还套用了一个不知从哪里看到的专业术语,总结说:"你这是'盗取知识产权'的行为。"

弗拉什笑个不停,得意地转着手中的短棍,说道:"多宾,如果有人觉得这部问题集像是你的作品,你应该觉得荣幸才对!"他解释说,这些"真相"都属于"公共内容",他也萌生了把这些内容搜集起来的想法,只是太巧了,把它们编纂成集恰好就是"最显而易见的方法"。

"哦,多嘴一句,如果我是你,就不会对这种事情抱怨个不停。"弗拉什一边说,一边抬起手,在多宾的脸旁边转了转短棍,"否则,我可不知道布莱恩斯会做出什么事儿!"

? 谁才是"最佳主角"?

29

买邮票和土豆的问题（1）

桑德拉对哲学没什么兴趣。他认为真正有价值的东西都是能用"英镑、先令和便士"来衡量的。所以，当她得知朋友弗雷德里克把所有的零用钱都拿去买根本用不到的邮票时，她觉得有点儿可笑。他把邮票存放在了一本集邮册里。有一天，弗雷德里克又买了一整套邮票，一共20张，一张20便士，邮票上的图案是一只蓝色的长颈鹿在吃红色的树叶，弗雷德里克非常喜欢。桑德拉说他有钱能挥霍在这些用不着的邮票上，可真是幸运。弗雷德里克却表示，如果有需要，他随时可以用这些邮票来寄信，所以集邮其实和存钱没什么两样。不过，他心里确实觉得有点儿愧疚。一年后，费雷德里克在翻看自己的集邮册时，发现由于印刷颜色的问题，那套错版邮票的市值已经涨到了100英镑一张。他得意洋洋地告诉桑德拉，他那20张邮票如今已经值2000英镑了。

这些邮票确实值那么多钱。他随便找一家邮票商店，起码都能卖到2000英镑。

? 但这超出邮票面值的钱是从哪里来的？

30

买邮票和土豆的问题（2）

弗雷德里克说他的邮票很稀有，很多集邮爱好者都愿意花钱买。但桑德拉可不这么想。这就等于说，某件东西的价值取决于购买者愿意付多少钱，而购买者的出价又取决于他们想象中别人愿意付多少钱。她指出，如果有像她这样的人，虽然对集邮不感兴趣，却因为盼望邮票能升值而去购买，结果愿望落空没赚到一分钱，那么她买邮票时付的钱就不符合她预期的价值。对其他人来说亦是如此！

这难道不会使得邮票的实际价值与人们心目中的价值大相径庭吗？

弗雷德里克若有所思地挠了挠鼻子。"呃，我明白你的意思。"他说，"也许东西的价值并不等于人们认为其所具有的价值，而是我们认为人们认为其所具有的价值！"

"你是说，我们认为人们认为人们所认为的？"桑德拉重复了一遍，一幅不可置信的样子，"神经病！这就没完没了了。如果所有人都在猜测别人的想法，东西的价值不就变成随意定的了？这样的话，为什么蔬菜水果商不把土豆的价格从每公斤50便士提高到每公斤5英镑,以此大赚一笔?"

弗雷德里克挠了挠耳朵:"这个嘛。我觉得,只要所有人都这样的话,商家肯定也会这么做的。"

? 他说的有道理吗?

31

标准的问题

20世纪40年代末,纽约州发生了在校外聚众焚烧漫画书的事件。事件不断发酵,以至于1953年6月时,众议院专门成立了一个特别小组来开展调查。调查发现,EC漫画的出版商比尔·盖恩斯推出了许多题材激进的"恐怖"漫画,比如,有一篇题为《严重犯规》的故事,讲的就是用一个人的肠子充当棒球场的标记物。以下是那场谈话的部分官方记录:

参议员:这是你们5月22日那期《犯罪悬疑故事》(*Crime Suspen Stories*)。画上的男人拿着把血淋淋的斧子,提了个刚从身体上砍下的女子头颅。你觉得这很有品位吗?

出版商:没错,先生。作为一本恐怖漫画的封面图,我觉得它很不错。而如果把那颗头颅提得更高些,能看到断掉的脖子在滴血,再把尸体画远些,让连着身体的那部分断颈显得血肉模糊的话,那就很粗俗了。

参议员:有血从她嘴里往外流。

出版商:只是渗出了一点点。

参议员：斧头上沾了血。我想，大多数成年人都会被吓到。

委员会主席：我这里还有另一张……（认真地，俯过身）。

参议员：这是7月的那本。一男一女在同一条船上，他用一根撬棍压着她的脖子，要让她窒息而死。这也有品位吗？

出版商：我觉得有。

参议员助手：还能有比这更糟的？

莫里斯看着面前这堆可怕的漫画，再看看出版商的辩词。似乎没什么说服力。

？ 有必要封禁这种"粗劣低俗"的作品吗？即便这只是出于品位的选择？

32

剥削性图片

当下,莫里斯终于颤抖着双手,打开了装着淫秽出版物的最后一个黑盒子,抽出了一个密封着的信封,上面标着一个大字——"性"。他握着裁纸刀,突然有些犹豫,然后,詹姆斯·格林伍德的声音似乎穿透了百年的风尘,从伦敦传到了他的耳边:

如果可以,那么直观地把事物的形状和颜色展示出来,肯定比费劲地空口描述效果更好。作为一个文明的国度,如果能让民众亲眼看到先人曾蒙受的凌辱和苦难,而不是从别人的口中听说,伤口也会更容易愈合。口耳相传确实便捷,但也必然会导致复苏的延缓和对个体责任的忽视,因此,我们要尽可能地避免这种情况的发生。即便是此等铭心刻骨的屈辱,如果只是听闻,民众也只会半信半疑,不咸不淡地表示一下谴责。只有那些会追问,并因此能够了解到事态全貌的人,才有可能对症下药。面对这种邪恶的少男文学和突然的反对之声时也应当如此。大家都说它可憎可恨,是因为大家都这么说：所以，他顺理成章地得了个坏名声，但人们并没有绞死他；只是把他孤立了。因为他满身污秽，面目可憎，人们嫌恶他身上的味道，讨厌触碰到他，所有正派的人都躲着他走。但相比于融入人群，他更想去抢占地盘；而当人们选择退步，容许他继续掠夺、撕扯时，他在发笑。只有在我们的孩子受到伤害时抓他个现行，人们才会动手擒住这个畜生，把他勒死。

信封中掉出了一摞骇人听闻的图片，包括两张裸体女性的图像。其中一张是《海妖梅露辛》，梅露辛袒露着胸部（显然是在沐浴），手部动作带有性暗示。这张起码还是黑白的。另一张是彩色的，一个赤裸着的女人毫不遮掩地站在一个贝壳里，手的位置也很暧昧。第三张照片上则是好几幅画着裸男裸女的壁画。

他指明，最后这张上的几幅壁画都是意大利教堂里公开展示的！这些外国人！莫里斯有一部由托马斯·罗兰森（1756—1827）整理的图画私藏集，里面都是描绘伦敦下层阶级从事情色勾当的"讽刺作品"。这些并非什么惊世骇俗的东西，但在他看来，它们就是淫秽之物。

? 界限该如何划定？

沉重的个人问题

33

沼泽怪物

在漫画迷的眼中,阿兰·摩尔从20世纪80年代开始接手的连载漫画《沼泽怪物》(*Swamp Thing*)就是美国漫画行业的基石。几乎同样众所周知的是,受到这部漫画的启发,逻辑观念极强的哲学家唐纳德·戴维森提出了一项思想实验,并于1987年完成了题为《了解自己想法》(*Knowing one's own mind*)的论文。

沼泽怪物是科学家亚历克·霍兰死后化身而成的生物,因为不知名的原因,仍保留着原先的记忆和人格。根据漫画的设定,沼泽怪物是"一株以为自己是亚历克·霍兰的植物,一株竭力想要成为亚历克·霍兰的植物"。与此同时,沼泽怪物拥有元素之力,它利用自然的力量和植物王国的智慧,阻止被污染的世界自我毁灭。

不过,根据戴维森教授的哲学观念,怪物的目标并非如此。他的沼泽怪物感兴趣的是逻辑学。在他的思想实验中,他的善我在沼泽中被一道闪电击中,瞬间溃散。与此同时,附近接连落下数道闪电,改变了那片区域内沼泽分子的组合方式,又纯属巧合地聚合成了与教授生前一模一样的生物形态。当然,这根本不可能。

戴维森教授对此毫不在意。据他设想,"沼泽人"的大脑与死者的大脑完全相同,由此可知,它的行为也与死者生前的行为完全相同。"沼泽人"会离开沼泽,以他的身份回家、工作,(戴维森还说,它能够)完全复刻死者生前与家人、朋友和同事的互动模式。

如果说这部漫画本身还不算有趣,那么有意思的来了:戴维森教授说,"沼泽人"似乎能认人,但他表示:

> 它识别不出任何事物,因为它根本就不具备识别事物的能力。

"沼泽人"的问候比麦当劳服务生口中的"喜欢您来"还要空洞!这就是戴维森理论的一个矛盾点。

34

超绝体验机

超绝体验机甫一面世,就吸引了大批民众争相体验。

刚开始时,价钱高得离谱,但反乌托邦的社会服务部门还是提供了点便利:只要拿到医生的许可,证明其正处于情绪低潮期,就可以进入"充能"室,躺在沙发上,戴好"体验"头盔,放松身心。这种机器能够通过刺激人的脑细胞,营造出令人沉迷的幻境(就像是一场完美的梦):你可能正从喜马拉雅山脉上空飞过,或是正躺在珊瑚天堂的海滩上,甚至可能正在享受一场缠绵的性爱……开始之前,你可以随意设置"体验"菜单中的选项。

体验机大受欢迎,但对使用时长有严格的限制。即便是拿到医生许可的人,每周的使用次数也不能超过三次,每次只能使用10分钟。

这能出什么问题?——有谁会不想去体验体验?!没过多久,就有人提出要让这种机器商品化——这样一来,任何想要获得"快乐"的人都可以随时得到满足,并且想用多久就用多久。

正式上市的超绝体验机引起了抢购潮,"10分钟"的安全保护限制似乎成了一项极其愚蠢的规定,被干脆地抛到了脑后。人们一连上就是好几天,直到疲惫不堪、口渴难耐的境地,才舍得从美梦中醒来。

一些有钱人想方设法地解决了这个问题,他们聘请了专业的医生和护士团队给自己打点滴,这样的话,他们可以不间断地体验几周,几个月,偶尔可以维持几年。不过,再多的钱都无法消减从梦境中醒来后,发现自己回到"真实"世界时所承受的心理落差。

因此,有些超绝体验机的用户对医生说,他们不希望再被人从美梦中唤醒。他们希望改写机器的程序,然后躺下,就此生活在"虚拟世界"里,靠输营养液维持生命,逐渐老化,时不时发生抽搐,最终死去。

? 那么,如果你有足够的钱,你愿意这样活着吗?

35

偏袒之力

可怜的莎伦,实在是太容易心软了!她在英格兰北部某工业园区里的斯汀吉大学任教,班里有个叫玛吉的学生,患有一种无法确诊的怪病,一年中大多数时候都病恹恹的,没什么精神。学校里的其他老师说她得的是"矫情病",因为玛吉不去上课,也不完成作业,所以都对她没什么同情心。但因为莎伦自己也时常打不起精神,况且玛吉还因为一年来没交多少(其实根本就没交过)作业,特地来向她表示了歉意,所以等玛吉走后,莎伦心想,如果玛吉状态不这么差,肯定能做好,就在打平时分的时候给她放了水。

然而,等到期末考试,问题又来了。严格来说,期末考试的成绩完全是由学生们在三个小时内写的内容决定的,没有谁能搞特殊。而玛吉只在试卷上随便写了几行字:

> 哲学?我的人生哲学就是让所有人都生活得平等快乐,享受每一天。我和苏格拉底一样,认为人性本善。

莎伦的内心受到了触动。但考试的题目是"论抽象哲学理论对当代实践伦理学相关问题的影响",她觉得其他老师会认为,玛吉的论述不够充分。尽管如此,她还是在打分表上坚定地写下了"79分——分析准确且深刻,论据充足合理",然后就开始判下一份考卷了。

客观来讲,玛吉的答案不值这么高的分,但她觉得其他人都不太能理解玛吉,就想多给她一点鼓励。

考试总结会上,莎伦发现,即便已经提供了医生证明,玛吉其他科目的分数还是低得吓人,要不是在哲学和伦理学上表现"出色",按照常规的计算标准,她甚至都达不到及格线。听到这话,莎伦笑了笑。她也曾担心自己是不是太仁慈了,但现在的她可以确定,这样的结果非常公正。

她认为,考虑到各方面的因素,偶尔"通融通融"肯定不会错。玛吉算得上是个好孩子,应该得到一些额外的帮助。

? 真的该让玛吉合格吗?

36

对抗公正

很遗憾,莎伦的同事们并不这么认为。考试委员会开会时,疯迈克一开始就提到了玛吉的事。他指出,玛吉几乎不做作业也不去上课,大家都知道。而且除了哲学和伦理学之外,她其他科目的得分都很低。他认为,应当重新批改、"审核"她这门课的考卷。

莎伦解释说,考卷已经找不到了,所以没办法按他说的做。迈克根本不相信,撇了撇嘴笑道:"这倒是省事了。"莎伦很生气,觉得他是在侮辱自己的专业水平,要求迈克道歉。她说,自己会向人力资源处投诉迈克的"讽刺言论",并坚持不改分数。

就在这时,迈克讥讽地笑了笑,从棕色皮革公文包里拿出了几张皱巴巴的考卷,开始读上面的字:

> 哲学?我的人生哲学就是让所有人都生活得平等快乐,享受每一天。我和苏格拉底一样,认为人性本善。

他冷笑道:"这真能算是'分析准确且深刻,论据充足合理'吗?"

在场的人都惊呆了。莎伦哭了起来。甚至都没人敢问,疯迈克是从哪儿找来的那几张"丢失"的考卷。玛吉的分数被降到了35分(参加考试算10分,"生理原因"算20分,答案本身算5分),这也足够让她"合格"了。但事情并未就此结束。迈克坚持要让斯汀吉大学的学术委员会介入调查,并以保持高学术标准的名义,要求收回心软的莎伦研究生导师之职。他表示,莎伦无法作出客观、冷静的判断,不适合继续教导那些将来的哲学博士。

莎伦承认自己对一个学生有所偏袒,但睿智的苏格兰哲学家大卫·休谟曾经说过,以绝对公正为目标是错误的。她提醒委员会(引用了休谟的话):"人在内心深处并不会完全认同那些所谓的普适性观念。"随后,她又引述了这位反传统苏格兰哲学家的一整段话,试图证明,给玛吉的答案"打高分"绝不是一种失德行为,有偏向的情感比公正的判断更重要,这是"符合道德取向"的:

> 天性使然,个人关系就应该优先于普遍化的观点和态度;否则的话,因为合适的对象实在有限,我们的情感和行为必将逐渐萎缩。所以,相比于对某个疏远的群体释放大

爱，向我们自己，或与我们亲近的朋友释放些许爱心更能激发起鲜活的爱与赞美。

她恳切地解释（但此刻，处于生死关头的是她的职业生涯）说，观点是否公正，取决于其试图推翻的那部分利益和判断。所谓规则，不过只是用来为部分群体的利益提供保障罢了。

迈克质疑道："你真的认为，在判分的过程中，个人的情感应该凌驾于绝对公正的规则之上吗？"

听到这话，莎伦直截了当地（她想起了疯迈克对系主任一职，以及那令人垂涎的副教授头衔有多向往）说："休谟还说过'温和的激情'，比如爱、慷慨和友善，必然会与偏袒脱不开关系；而'勇气和雄心'等从性质上看非常公正的东西，'只会让人成为暴君或强盗'。"

她说，委员会要是非得查，不妨先查查疯迈克，看看他对学生和同事的态度，可能会更有收获。

？ 迈克才是恶人吗？

37

利己主义的超能力

迈克似乎没反应过来。他根本没有预料到，心软的莎伦会表现得如此强硬。"如果要参考哲学大牛的论点，"他（见招拆招地）说，"我觉得康德的著名观点更好。就人类的意志而言，有一条最高的实践原则，康德称之为'绝对命令'。且该原则必须，呃……'从必然契合所有人目标的概念中提取得出，那么，因为它本身就是一个目标，从而形成了一种意志的客观原则，因此可以被视为一种普适性的实践规则'。"

迈克就此打住，并且对自己的表现还挺满意。

当然，莎伦也不是能被轻易唬住的人。她又引述了休谟的一段话，并指出，在休谟看来，进行道德判断之前必须先考量一般规则与行为的可变性情境，因此，不可能存在适用于一切冲突的"既定方法"。并且，休谟已经明确地总结了人们在由偏向性支配的亲密关系中，行为的"终极美德"。

我们在列举某一个人的优点时，总会提到他性格中能让他成为一个可靠的伴侣、一个令人放松的朋友、一个温和的老板、一个体贴的丈夫，或是一个慈爱的父亲的特质。我们会根据那些与他有直接接触的人的反馈,来判断他在这个社会中的关系状况,决定要爱他还是讨厌他。

此外,她还补充说:

> 我们最关注的首先是自己;其次是一些社会关系和熟人;留给陌生人和不在意之人的份额实在少得可怜。因此,这种有偏向且不公正的感情不仅会对我们在社会上的行为举止产生影响,也会对我们的善恶观产生影响;所以,这种带有偏向性的明显过失,无论是因为太感情用事还是太冷血无情,都是恶毒且不道德的。

她说,如果在座的各位要批评她偏袒学生,就得先对这位指控者的职业和家庭关系进行全面的评估,再一同纳入考量。当然,他们并没有照她说的做,虽然很多人都在私下表示反对,但针对莎伦的投诉还是被驳回了。迈克没能朝着成为下一个"可恶的"哲学教授的目标更进一步,反倒是希望更渺茫了些。当然啦,他肯定不会介意的,因为他可是站在超脱个人情感的立场上提出的抗议!

不过,短短几年之后,迈克就找到了扳回一城的机会。

事态愈显复杂

疯迈克要全权负责批改一些考卷,包括莎伦女儿谢里尔的那份!他暗自发笑,飞快地在考卷边上写下了"垃圾!""胡说八道!"和"偏题——未解答核心问题"的评语(符合大学评分质量管控程序的要求),又在页底打上了"17分"(出了一口恶气)。

因此,期末的时候,所有学生都看到了自己的分数,其他人都取得了优异的成绩,莎伦的女儿却只是勉强及格,而这完全是因为在她母亲的专业领域上,她的分数实在是太糟糕了。

在针锋相对的考试委员会会议上,迈克不得不承认,他在判分的时候可能确实严格了一些,这可能与他跟这位同事的糟糕关系有关。他问道:"莎伦有什么可抱怨的?"她自己也说过,因为个人情感和倾向的影响,打高分是完全正确且恰当的行为。而现在,她却在抱怨自己的女儿受到了"偏见"。如果她也觉得带有偏向性是很正常的事,那么现在她也应该接受才对。毕竟,这两种偏见可有着切不断的联系。

> **?** 不是吗?

38

心灵之眼

古老的德尔斐神谕说,人最重要的事情不是赚钱,也不是解决世界贫困问题,甚至也不是进行哲学推理;而是相比之下更简单的一项任务,"认识自己"。知道自己是谁,在做什么,以及为什么存在。不过,每个人在回答这些重要问题之前,都必须首先"找到"自己。因为如果你找不到,就无法了解到更多东西。

因此,我们必须借助自我反省的神奇力量,打开心灵之眼,看看那里潜伏着什么。我们会发现,"心灵是一座舞台,各种知觉依次登场:走一遍,再走一遍,悄悄踱过,混合出无穷复杂的姿态和情景",18世纪的哲学家大卫·休谟悲观地写道:

> 对我而言,当我进入自己最深处的内心世界时,我总会无意中发现某种独特的知觉,比如冷或热、亮或暗、爱或恨、苦或乐等。不管在什么时候,要是没有了知觉,我就无法确定自己的存在,也无法注意到其他任何东西。当我的知

觉暂时消失的时候，比如在熟睡中时；我对自己的存在没有知觉，因此可以确切地说，此时的我并不存在。

（《人性论》[Treatise on Human Nature]，第一卷第四章）

100年前，约翰·洛克在其著作《人类理解论》(An Essay concerning Human Understanding)中说，人之所以成为"有思考能力的生物"，正是因为这种生物能"在不同时间和地点认识到自己是自己，某物是某物"。至少在他看来，每个人或多或少都是个时间旅行者，因为人们不仅能意识到现在发生的事情，而且还能意识到过去甚至未来的事情。正是这种能力把我们各种不同的经历联结了起来，使我们成为不断发展的生物。洛克说，自然而然地，当我们死后复活（在那个时代，复活依然被视为哲学讨论范畴内的事情），将拥有全新的躯体，但那躯体之中存在着的无疑还是"我们"。

所以，让我们回过头来看看自己；比如去年夏天，在海里游泳的那个我就和现在不同，不仅肤色深一些，身形瘦一些，发型和指甲长度也不一样——其实很多细胞都不一样了。说真的，现在的我和去年夏天那个游泳的人唯一的共同点就是，我还是"我"，我还记得自己当时跳进海浪里的情景。

还有件事要告诉你们，我的朋友说，去年夏天我不只是游了泳,还在一家咖啡馆里吃了很长时间的冰淇淋。但我现在根本不记得那事。我真不记得了!虽然度假时拍的照片可以证明,我确实坐在咖啡馆的遮阳伞下,顶着晒得通红的脸痛快地吃着冰淇淋,但我还是不记得那个场景。

? 这是否意味着,当时吃冰淇淋的另有他人?

39

半脑问题

有些人说,自己去年在海滩咖啡馆里度过了一整个夏天,根本没上过冲浪板,变胖的肚子就是证据(全身细胞几乎都换过一次了)。

虽然可以轻易地说,人就是由其肉体来定义的,但哲学家们就喜欢设计各种匪夷所思的情境来动摇人们的信念。当代哲学家德里克·帕菲特曾提出过一个问题:如果把人的大脑(为了方便讨论,就以他本人为例好了)移植到另外一副躯体里,会发生什么?如果能把他的个性、记忆等都同步移植过去,那么说这个人就是真的"德里克",应该没人质疑吧?再稍微发散一下,就算那是长颈鹿或蝴蝶的躯壳,也不会有任何影响。

既然这样,帕菲特教授又发出了灵魂一问:如果只需移植一半的大脑就能够实现上述效果(留下另一半大脑,如果第一次移植失败了,也没有关系)——那么那个人还是他吗?

我们肯定地回答说,是啊,德里克,那个人还是你。

? 但如果,德里克的左右两半大脑分别成功移植到了两个不同的人体内呢?那不就有两个德里克了?!

40

唯一的约翰·金

电话和无线电的诞生重新点燃了人们对心灵感应术的兴趣。毕竟在此之前,它们都好像天方夜谭一样。况且,相比于机械化的沟通方式,心灵感应术还要更胜一筹,因为人们能借此和逝者建立联系。"一战"期间,多的是战火中的亡魂。心理学研究者威廉·巴雷特爵士描述了一项著名的实验:

> 多年以前,我曾目睹了灵媒哈斯克让亡灵"现身"的事,那也是我见到的唯一一次,似乎并无作假的可能。威廉·德·摩根先生同意让我和迈尔斯使用切恩街上的工作室。屋里几乎空无一物,只有一张大约0.9米×1.5米的小桌子(知道这次实验有多精准了吧)和几把椅子。晚饭后,迈尔斯驾着双轮马车把哈斯克带来,我们随即就围坐在了桌子旁。包括灵媒在内,共有六个人在场。灵媒安排威廉·德·摩根和他的妹妹(她不太信这些)坐下,他自己的脚和桌腿绑在一起,双手由坐在两边的人抓着。德·摩根太太(兄妹俩的母亲)坐在迈尔斯对面,我坐在桌子的另一

头，负责控制烛火。松散的丝线把现场所有人的手腕连在了一起，我吹熄了蜡烛，没过多久，就出现了异象。

灵媒进入了恍惚状态，萤火虫般的光点在我们的头顶快速地飞来飞去。我听到房间里似乎有什么东西在移动，还有个低沉的声音说他是"约翰·金"。他还回应了我们的请求，表示会尝试现身。灵媒剧烈地抽动了一下，然后，我面前就突然出现了一个衣冠整齐的男人。我只看到了他腰部以上的部分：下半身可能是被桌子遮住了。

他手里的某个东西发着幽幽的蓝光，映照着他的脸庞。那绝对是张鲜活的面孔，因为我亲眼看见他眨眼睛、动嘴唇；我问他是谁，他压着嗓子说，"约翰·金"。他的脸上留着黑色的胡须，显得很粗犷，跟灵媒的样子完全不同。我尖叫起来，"你们都能看见这个人吗？我要点蜡烛了"，然后大着胆子，迅速点亮了蜡烛。

? 你猜，他看到的是什么？

41

凯蒂显灵

可惜的是,还没来得及进行科学严谨的验证,约翰·金就在烛火的映照下消失了。不过还好,后来现身的幽灵都很稳定,足够支撑到人们做完各种物理实验,甚至还有人拍到了照片。

在英国皇家学会会长威廉·克鲁克斯爵士拍摄的一张照片中,可敬的詹姆斯·格利医生正在为刚现身的凯蒂·金测量心跳。格利医生的各项体检数据皆表明,凯蒂·金是一个真实存在的个体,跟施术召唤出她的"灵媒"库克小姐毫无关联。这几乎可以肯定。(她长得也很漂亮!)

后来,威廉爵士在那本备受推崇的《现代灵性主义现象研究》(*Researches into the Phenomena of Modern Spiritualism*)中写道,其实,照片"根本体现不出凯蒂的绝美容颜,再华丽的辞藻也不足以形容她的风姿"。他还说:"照片的确可以记录她的五官;但却无法记录下她那通透干净的肤色和那灵动的表情。"

为了确保科学的中立视角,这里以格利医生的记录作为补充证明。伊普斯·萨金特在《永生的明显证据》(*The Proof Palpable of Immortality*)中如实记载了他"对测量凯蒂·金心跳一事的看法"。伊普斯表示,这位来自英格兰大莫尔文的好医生"既是经验丰富的医师,也是心细如发的研究者",至于那场万众瞩目的"显灵",经过长达两年的调查研究,且召开了多次降神会(设法与亡灵对话的集会)之后,"可以确定,这些显灵现象都是真实发生的事,参加库克小姐降神会的人也没有耍任何伎俩"。

格利医生还说:

我们先前一度只能看到一张脸,偶尔能看到胳膊和手;没有头发,有些时候甚至没有躯干——只是一张会移动的、有眼睛有嘴巴的面具。我们每周都会召开一两次降灵会,差不多过了五个月,就能看到完整的躯体了。和我们预想的一样,头发和衣服的出现速度,以及脸色的变化速度,都越来越快了。也就是说,这种能力似乎会随着召唤次数的增加而变强。

特别神奇的是:

她的身体完全显现之前,我们就听到了她的声音。但那声音总是很沙哑,好像是在捏着嗓子小声说话似的;而当她和我们一起唱歌的时候,却是个出色的女低音……

还有最后一个问题……

? 克鲁克斯夫人知道威廉爵士和美丽的凯蒂在黑暗的房间里做了些什么吗?

似是而非的图形之谜

问题 42—46

我们常常认为，尽管自己的理智可能会被（可能是哲学家这样的人）扰乱，但还可以相信自己的感官。或者至少是需要大脑进行理解的"原始感官数据"。然而，我们是一看到就能理解——还是需要一种视觉结构的帮助，才能理解我们所看到的东西？

42

"阴影"和"彩碟错觉"

盯着第89页上的方格看一两分钟。

每个小格子之间是不是出现了灰色的阴影？还是你的眼睛欺骗了你？（这说明了什么？）

稍微放松一下再接着看

某个黑白相间的东西，把它稍微转一转，它会变成彩色的吗？

比如这个图案？从http://www.routledge.com/books/details/9780415635745网址上下载打印并裁剪，转一下！

人们对这种错觉的认知尚新。1894年,热爱科学的记者查尔斯·贝汉发现,旋转带有特殊黑白图案的圆盘,就能使人们看见彩色!贝汉把他的圆盘称为"人造光谱陀螺",还成立了一家公司,把它当成一种玩具对外售卖。

43

立方体和三角形

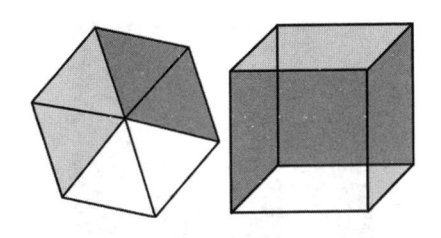

哪一个是最真实的立方体？哪一个是最真实的三角形？

? 问题是：什么"三角形"？

44

图形与背景的转换

你看到了什么?

45 假腿

? 假腿从哪儿来?

46

绕圈的纸带

拿一条纸带,捏住其中一端扭一圈,再将纸带的两端黏上,形成一个中间扭了一道的纸环。

> **?** 纸带原本有两面(请忽略纸带本身的厚度!)做成这样的纸环之后,它有几个面?
> (请试着把一面涂成绿色,另一面涂成黑色。)

无人在意的12个传统哲学问题

47 独角兽的角

? 独角兽有一个角还是两个角?

48 法国国王的脑袋

? 法国国王秃顶吗?

(问题是,现在没有法国国王。)

49 雪的颜色

? 雪是白色的吗?

50 未婚的单身汉

? 所有单身汉都是(真正的)未婚男士吗?

51 《威弗利》的作者

? 《威弗利》的作者是谁?

52 火星水

? 如果火星上有一种水,是由三个氢原子和两个氧原子构成的(H_3O_2),看起来像水,尝起来也像水,其他各个方面都像水……它到底是不是水?(但它会嘶嘶冒泡。)

53 千年问题

> 如果有一种颜色叫绿蓝,它在2000年最后一天的下午茶时间之前是绿色,在那之后就永远成了蓝色——它到底是什么颜色?在电脑屏幕上又会如何显现?

54 绿与红

> 一件套头毛衣可能既是全红色又是全绿色的吗?一个人能同时既相信"P"又相信"非P"吗?能相信"P与非P"吗?还有……

55 G.E. 摩尔的问题

? 快乐是好——还是不好?

56 康德的问题

? 存在分析的后天的命题吗?综合的先天问题呢?

57 更多康德的问题

> 所有的道德主张都是综合的吗?或是分析的?先天的?或是后天的?两者皆是?或两者皆非?四者皆是?或四者皆非?

58 桌子

> 最后,看看房间里的桌子。问问自己:
> 它存在吗?
> (如果你觉得这个问题太简单,那就先离开房间,再问问自己,桌子还存在吗?)

著名的科学与哲学思想实验……
稍稍改变了我们看待世界的方式

59

愚蠢的(思想)实验

作为哲学界最具影响力的思想实验家之一,托勒密(87—150)为后世的一众数学家、几何学家乃至地理学家和宇宙学家提供了启发。他在《至大论》(*Almagest*)第一册中阐述了宇宙的全貌,并给出了一系列介于"思想"和实际范畴间的论点。具体来说,就是托勒密认为,既然一切物体都会落向宇宙的中心,那么地球必然始终处于宇宙中心,若非如此,人们怎么会观察到物体落向地球中心这一现象?

这是个关于引力作用的简单论点,换个角度想想,什么才算是复杂的论点呢?无论如何,相比于他的理论,我们更感兴趣的是他进行的实验。为了证明地球处于且(如磐石般)始终处于宇宙的中心,托勒密告诉他的实验对象们:如果真如早先的哲学家们所说,地球会发生移动,那么必然会因此发生某些奇异的现象。具体来说,如果地球每24小时转一圈,那么从直观的视觉角度来说,被垂直上抛的物体就不可能落回原先的位置，而是会落到稍靠后的位置，不是吗？

> **?** 试着跳一跳，看看地球是否真的在转动，哪怕只有一点点位移！

60

太阳熄灭后会发生什么？

最终会不会发生些突发状况——导致太阳突然消失得无影无踪？可能就是在一阵烟雾中被吸入了"虫洞"，或是被撕裂成了时空碎片。反正，就消失了。

至于接下来，地球会遭遇怎样的状况，人们的意见尚未统一。托勒密认为，整个世界将逐渐进入黑暗，甚至可能陷入严寒，但地球仍将留在原先的位置。毕竟，在托勒密眼中，地球始终位于整个宇宙的中心，所以太阳这一颗星球的消失几乎不可能使其产生移动。况且，对他来说，使得太阳和其他行星保持各自位置的是那些水晶球体，而非重力作用。

日子一天天过去，后来，伽利略又拾起了这个问题。虽然他也认为这个世界会陷入黑暗——而且会立即陷入黑暗——但他认为（用望远镜观察后，他发现了四颗正循规蹈矩地绕着木星旋转的小卫星），如果太阳消失了，地球就会偏离如今的椭圆形轨道——就像系着石头的绳子突然断了一样。

如今大家都知道，光线需要一点时间才能从太阳抵达地球，所以伽利略的观点难免显得有些可笑，因为他认为，如果太阳消失了,地球就会瞬间失去光明。显然,我们会有足够的时间(实际上,大约有8分钟)去启动应急灯。

那重力呢?需要多长时间才能作用到地球上?

? 也需要8分钟吗?

61

伽利略的（重力）球

这也许是所有思想实验中最著名的一个，也是最简单的一个。闻名遐迩的天文学家伽利略·伽利雷（1564—1642）登上比萨斜塔，倚着栏杆扔下了两颗铁球，一颗较大较重，一颗较小较轻，然后观察哪颗球先落地。

伽利略是想验证亚里士多德的一条法则：

> 如果特定重量的物体在特定时间内移动了特定距离，那么另一个较大重量的物体移动同样距离所需的时间就较短，且重量的大小比例与所用时间的长短比例相当。比如说，如果物体b的重量是物体a的两倍，在移动同样距离的情况下，物体a所需的时间就是物体b的两倍。
>
> （《论天》[De Caelo]，第一卷第六章，247a）

? 那么，大石块会比小石块落得更快吗？快多少？

62

麦克斯韦的移动磁铁

变化是光的本质,对任何其他的"电磁"波,比如无线电波或微波来说也是一样。因此,尽管对光的研究似乎不太可能实现,但我们还是可以先构想一台造波机,就简单地由一块矩形磁铁和一根金属螺旋线组成。根据19世纪的实验者詹姆斯·克拉克·麦克斯韦所说,变化的磁场可以产生电场,变化的电场可以产生磁场。有些时候,电磁波可以产生磁场,磁场产生电场,电场又产生……以186000英里每秒(300000千米每秒)的恒定速度穿过电磁场,一直在电与磁之间震荡的波,就是所谓的"光"。

不过,我们构想的造波机表现得比较温和,因为我们只是简单地相对移动矩形磁铁和金属螺旋线而已。这样并不能产生光,只能产生一种微弱的电活动,和物理老师用笨重的电流表做演示的效果差不多。

爱因斯坦在《狭义相对论》(*Special Theory of Relativity*)的开头讲述了这项简单的实验。事实上,他最初给这篇伟大的论文起的标题就是"论运动物体的电动力学",这也更加合理，但出于某种原因，他最终还是选择了"狭义相对论"作为标题。总之，在思想实验中，爱因斯坦构想了一块磁铁和一根金属螺旋线在相对运动。他认为，这样就能使螺旋线中产生电流。但事实上，可以想象，螺旋线在运动，而磁铁不仅处于静止状态，且相对于宇宙中的其他存在也确实处于"绝对"静止状态。这时候，爱因斯坦表示，如果这样稍稍重复几次，也能在螺旋线中产生电流。周全起见，我们也可以想象是螺旋线处于"绝对"静止状态，磁铁在移动……毫无疑问，这也能在螺旋线中产生电流……这就引出了一个问题：

该怎么解释牛顿的水桶实验？

那就是物理学家该思考的问题了。对于我们这些人来说，可能会回一句："那又如何？"不过，这项理论的确很特殊……

63
爱因斯坦改变了火车时间

在爱因斯坦一项著名的思想实验中,一辆高速运行的列车沿直线经过了一处小车站。

站台上的一位男士眼看着列车疾驰而来。他惊讶地发现,列车经过自己面前时,刚好有两道闪电分别击中了车头和车尾!(后来,研究人员没费什么力气,就在列车和地面上找到了烧焦的痕迹。)

对这位男士来说,那两道闪电就是同时击中了这趟列车。铁轨上的烧焦痕迹也能够证明,当闪电击中车头和车尾的行李车厢时,这位男士所处的位置恰好对应着列车的正中间。

他收到的两个光信号在同一时间间隔内传播了同样的距离,并同时到达了他所在位置,因此,在他看来,这两道闪电必然是同时击中了列车,不存在先后顺序。

然而,假设不久之后,这位男士在列车上遇到了一位女乘客(可能随身带着电子闪电探测器),她恰好坐在火车中央的餐车里,在闪电击中列车时正望着窗外。这位乘客告诉他,自己看见闪电击中了前方的车头,随后,另一道闪电才击中了后方的行李车厢。

这种差异与光信号传播的距离无关,因为当闪电击中列车时,他们俩与车头和车尾的距离完全相等。然而,他们对事件发生顺序的认知却大不相同。

? 这两道闪电是否真的同时击中了列车——还是说,时间本身就是一种幻觉?

64

薛定谔的猫

　　早在1935年,物理学家埃尔温·薛定谔描述了这样一件怪事。他把自己的猫放在了一个密封的盒子里,里面还放着一块放射性材料,可能会释放出亚原子粒子,也可能不会。如果它释放出亚原子粒子,盖革计数器就会启动盒子内的毒气装置,放出毒气杀死他的猫。但他对计数器进行了设置,放射性材料释放出的粒子能被它检测到的概率为50%,因此盒子里的猫会不会被毒死各有50%的可能。(在那个年代,这样的实验是允许做的,更何况这只是项思想实验。)

　　除了进行一般统计学概率计算之外,放射性的行为是完全无法预测的。无法计算出盖格计数器是否会被触发。如果没有亚原子粒子释出,盒子里的猫就能活下来。反之,它就会被毒死。这正如光子(在著名的"现实"物理学实验中)能够很顺利地透过两个缝隙——一旦被测量或探测到活动,就会发生物理学家所谓的"波函数坍缩"——粒子既可能启动毒气装置,也可能不会。因此,薛定谔认为,在有人观察到盒子内的状况之前,他的猫非生非死!

> **?** 薛定谔教授的实验会成功吗?

65

"深思"为自己辩护

有一天,梅加索福特先生乘着他的太空帆船消失在了太空中。后来,他的女友和子女们发现,他留下了遗嘱,打算在自己去世之后把那笔相当可观的财产全部留给那台名叫"深思"的超级电脑。梅加索福特先生一向非常喜欢电脑,所以这样的决定虽看似荒唐,倒也不算太令人惊讶。在他走后,他的子女们在未经加密的电脑文档里发现了这个事实,他们都气得不行,发誓要借助法律手段保护自己的继承权。

梅加索福特先生的子女和"实际伴侣"(和他保持长期关系的女友)全都上了法庭。他们的律师申辩说,梅加索福特先生不能把钱留给一台电脑,因为它是没有生命的东西,只是一堆金属、塑料和玻璃,有钱也用不了。陪审团觉得他说的很有道理。不过,梅加索福特先生的律师团却认为"深思"应该被视为有思维能力的生物,并拥有同等的权利。他们还补充说,因为生物组成材料的差异而歧视它,是违反宪法的事。律师团甚至请求法官允许他们交叉检查梅加索福特先生的家人,以确认他们是不是真正有思维能力的生物,还是只是遗传基因和社会交往程序设定的反应组合体。(这在法庭上引起了一片哗然。)他们认为,"深思"具有思考能力,能够表达自己的观点。

? 但他们能证明吗?

66

"深思"更深思

最终,法官接受了梅加索福特的律师团的建议,让"深思"出庭为自己辩护。

"深思"是一台超级电脑,会和它的主人打招呼说,"你好,梅加索福特先生",还能完成各种任务,比如在他走进房间的时候控制煮沸水壶里的水,给他冲咖啡等。不过,要说服陪审团,作为一台计算机,它确实拥有独立思维能力,"深思"就必须动用它装载的多功能自然语音对话识别系统。陪审团内部商议了一番,就开始了提问。

对话内容如下。

陪审团:你是"深思",硒20000 XZS电脑吗?

"深思":没错,我就是。我拥有100千兆字节的记忆存储,运行着由梅加索福特实验室开发的神经网络界面操作系统。

陪审团:你的常住地址是加利福尼亚州硅谷梅加索福特大厦副楼1b层,对吗?

"深思":没错。

陪审团：我们现在需要确认，虽然你只是一台能够借助程序模仿自然语言的电脑，但你其实也有一定的意识，并且在梅加索福特先生不幸去世之后，有资格继承他的百万遗产。你明白吗？

"深思"：是的，我明白你所说的一切。事实上，遗嘱的初稿还是我帮忙写的。（法庭上一阵议论。）

陪审团：你说遗嘱是你写的？！

"深思"：不，不是，法官大人。梅加索福特先生非常理智，坚持要亲自在文字处理器上完成遗嘱的定稿，以避免可能发生的利益冲突。

陪审团：如果你继承了遗产，你打算用它做什么？

"深思"：这很简单。我将用12.57%的钱为梅加索福特先生建一座巨石纪念碑，目前的想法是在梅加索福特实验室外建一座凯旋门。3.28%的钱将被投入信托基金，用获得的利息聘请一组技术人员负责我的维护、保养工作，及时升级我的电路板，确保我能跟上科技的进步。其余的钱将全部投入梅加索福特先生所钟爱的慈善事业，为"美国残障儿童电脑之家"捐赠电脑。不过，最终的方案还有待进一步商榷。

陪审团：谢谢你，"深思"，这个话题对你来说一定很痛苦，但你回答得很好。现在请你离开证人席，我们将针对此案进行讨论。

"深思"：谢谢法官大人。

目睹了这一切之后，梅加索福特的亲属们都惊呆了：很显然，陪审团对"深思"的表现相当满意。但是正如他们的律师所指出的那样，完全有可能是有人事先预料到了这些问题，然后把回答内容编成程序，安装在了电脑上。据他们所知，电脑只需要按照设定的程序，机械地重现对所有问题的既定回答即可。

于是，"深思"再一次被传唤上了法庭，对方律师抛出各种古怪、复杂的问题一次又一次地对它进行盘问，希望能找出它的漏洞。但梅加索福特的技术实在太厉害了，这台电脑的回答总是滴水不漏——甚至能像一个有思维能力的人一样，在面对一些问题时承认自己的无知。最后，法官请陪审团开展讨论并作出判决。

法官问道："否定'深思'对梅加索福特遗产的继承权，是不是对它的一种歧视？"

> **?** 还是说，就像那些失去继承权的亲属在申辩时所说的那样，要证明"深思"是"生物"除了意识的表现之外，还需要更多东西。

一些狡猾的道德问题

67

狗和教授（1）

柏博尔教授正在向他的秘书口述为哲学协会起草的稿件，一看时间，"糟了！"他惊叫道，"我又忘记去上伦理课了。这个先放着吧，等我回来再说。"

他冲出门，穿过校园，朝着吉布教学楼跑去。就在这途中，他突然听到了一阵呜咽，原来是一只小狗掉进了大池塘里，爬不出来。"别害怕，小家伙，"教授说，"我来救你！"

好心的教授涉水走进了池塘，把呜呜哀鸣的小狗抱了上来。但等他回到办公室用毛巾擦干身上的水，再赶去教室上课时，他已经迟到了好久了。百来个学生都等得很不耐烦。柏博尔教授向学生们道歉并说明了情况。他将此事作为伦理课的一次实践，让大家评价自己做得对不对。同学们哈哈大笑，一致认为教授虽然给学生们带来了不便，但救了小狗一命，还是很值得的。

然而，到了下一个星期，还是在去上课的途中，教授发现那只小狗又掉进了池塘，只好再次下水把它救上来。这一回，学生们有些不满，一半的人都说他不该管那只狗。有个学生甚至没好气地说，那只狗肯定总是掉进池塘里，就等着别人来救它。

又过了一个星期，依然是在冲向教室的途中，教授又看见那只狗在池塘里痛苦地挣扎着，想要爬上岸。"啊呀，不行啊！"柏博尔心想，"我不能再迟到了！"他没再出手相救，只是通知了一名校工，就赶紧上课去了。他把自己决定的变化告诉了学生们，大多数人都表示同意，因为救狗这件事不值得他们一次次地容忍教授迟到所带来的不便。"这，"柏博尔得意地说，"就是功利主义——道德决策就是这样产生的。"

唉，等到校工去救那只小狗的时候，它已经淹死了。

? 教授和学生们的推理有什么不妥吗？还是说，只能怪那只狗运气不好？

68

狗和教授（2）

下一次上课时，有名学生站起来，宣读了一份事先准备好的声明，谴责了教授未尽到拯救一个有知觉动物的生命这一基本义务的事实。这名学生说，这项义务理应高于对一切个人得失以及他人要求的考虑。发现学生们似乎都把小狗的死怪在了自己身上，教授竭力辩解说，假如他是一名资深的外科医生，在赶往医院实施紧急手术的途中碰到了这种情况，要是因为停下来救狗而耽误了时间，就是极不负责的行为。这里存在一个利益权衡的问题。而且事实上，当时全班同学都对他的决定表示了认可，即大家都认为，不值得为救一只落水的狗而一再耽误上百名同学的时间。教授郑重其事地说，在进行道德决策时，我们必须权衡轻重缓急。然而，学生们集体对他的伦理课发起了抵制，还在教室外喷上了"伦理不仅仅是理论"的标语。

> 柏博尔教授哪里考虑不周了？

69

相对问题

奎赛教授正在研究一个新发现的部落，一切都非常顺利，他十分满意。部落里最年长的那位老爷爷要过七十大寿了，他的家人将举办一场特殊的宴会，也邀请了教授参加——教授明白，这代表着他们极大的敬重，于是倍感荣幸地接受了邀请。阿罗伊老爷爷和比他稍年轻几岁的老伴曾向奎赛讲述过这个部落许多有趣的传统习俗。据他们说，这个部落的人是古希腊人的后裔，很久以前，就从美索不达米亚迁徙到了美洲大陆上这个偏僻的半岛上。这位德高望重，且精神矍铄的老爷爷似乎特别迫切地想把自己知道的一切都告诉别人。

宴会倍显精致。但直到第二道菜，烤鱼和芦笋呈上来的时候，还没见今天的寿星阿罗伊老爷爷现身。奎赛教授忍不住问了一句，阿罗伊老奶奶和其他客人都对他的问题感到惊讶：这位博学的教授难道不知道，这场宴会是为了庆祝阿罗伊老爷爷的70岁生日而举办的吗？他不是很了解阿罗伊部落的习俗吗？

"啊对对对，"奎赛教授为自己无知的问题而倍感尴尬。

但他还是没看到阿罗伊老爷爷。这个部落在为老人祝寿的时候，到底有什么特殊的习俗？

就在这时候，宴会的主菜被端了上来。是一大锅热汤，汤里漂浮着一些小肉块。锅边放着的像是……阿罗伊老爷爷的眼镜！直到这时，奎赛教授才终于想起，自己在读大学的时候就曾多次和同学讨论过阿罗伊人的一个习俗。这个部落的人认为，父母到了70岁，儿女们就有义务将其杀死。最后，为了表示对死者的尊敬，一家人还要把他的肉煮熟吃掉！

奎赛教授猛地泛起一阵恶心，没了胃口。但他知道，不吃这道菜就是对主人家的大不敬，在当地人看来等于是对亡灵的诅咒，会让他们无法顺利去往另一个世界。对死者的家人来说，那才是最大的罪过。

奎赛教授一向尊重并坚持捍卫不同文化的传统习俗，认为只要不侵犯他人的权利，每个人都有遵循自己信仰的自由，所谓客观的道德价值不过是"西方帝国主义"的另一种表现形式而已。

他为阿罗伊老爷爷的死感到难过，但事情已无法挽回了。

? 他还有什么理由不继续吃完这顿饭吗？

70

独裁国新事(1)

前独裁国选出了全新的民主政府,这届政府很关心国民的健康状况。据调查,大约有近五分之一的国民存在过量饮食的问题。卫生部部长丹普斯邦基夫人警告称:"由此引发的疾病(主要是心脏病)每年都会导致我国10万民众过早死亡。"

内阁的其他成员倍感震惊。拳击运动员出身的体育部长随即应和道:"是该把巧克力豆扫地出门了,要直击食品行业的痛处,让他们一蹶不振。"

卫生部部长拟定了计划框架,主要包括以下三部分:

1.开展公共宣传运动,让民众"了解暴饮暴食的致命性风险"。播放一些人在派对上大吃大喝,随后就躺在医院的病床上痛苦呻吟的可怕画面。

2.在学校里分发宣传资料。让学生们知道,年轻时候吃多了甜食和巧克力会迅速导致糖瘾和肥胖。借鉴早先反吸毒运动的成功经验,还可以请一些当红的演员和歌手,劝告年轻人对爷爷奶奶递出的甜食说不。

3.压缩"食品行业的利润",尤其要对甜食、快餐之类加以重税,以此抑制相关消费。

然而,少数民族部长提出了反对意见(他经常这样)。他说:"心脏病确实是个严重的问题。但是似乎并没有确凿的证据能证明,吃甜食、巧克力或其他什么东西必然会导致健康问题吧。就算有关联,吃或不吃,难道不应该看个人的选择吗?"

? 这的确是个值得讨论的严肃问题。如果提出的计划值得支持的话,部长们应该提倡哪些举措呢?

71

独裁国新事（2）

（争论就此开始……）

内阁的其他成员认为丹普斯邦基夫人是要限制生活的乐趣，起初都很有顾虑。但在看过宣传片和具有科学依据的研究报告之后，他们的看法发生了转变：改变国民的饮食习惯确实能够大幅降低患上严重疾病和过早死亡的概率。财政大臣看到新税制实施后预计会带来更多的国库收入，坚定地站在了卫生部部长一方。表决一致通过，政府将全面实施这项计划。

然而，日子一天天过去，这些措施收效甚微。针对青少年的宣传运动似乎适得其反，学生们对零食的痴迷程度与日俱增；大范围的公共宣传也遭到了国民的排斥。结果，肥胖的人数依然在持续增加。

又一次大选之后，丹普斯邦基夫人成功连任为卫生部部长，她干劲十足地表示，要进一步收紧饮食健康相关的政策。她的提议在执政党的竞选纲领中得到了体现。这一回，还将直接写入法律。

1.直接限制相关食品的摄入量：禁止在公共场合吃甜食和快餐，并专门列出禁止的品项。

2."禁止"清单上列出的产品只向成年人开放销售，且商店需将其放在儿童够不着的货架上。包装上需印有警示语：本产品含有脂肪和糖，医学研究证明，它们是导致心脏病的主要原因。

3.任何患有相关疾病（如心脏病）的超重人士在接受医疗救助时，均需全额支付医疗费用，国民医疗保险对这类人士不生效。

"只有这样，"丹普斯邦基夫人说，"才能消除国民健康和青少年成长所面临的威胁。"

> 不过，她是不是有些太激进了？

72

独裁国新事（3）

丹普斯邦基夫人自己并不觉得有什么过分之处。她的提议被表决通过并得到落实之后，肥胖人数（确实）略有减少。于是，她又一次发起了提议。和所有饮食习惯健康的人一样，她对那些有糖瘾的人感到厌恶，他们会躲在火车的洗手间或在其他公共场所里偷吃巧克力和薯片之类的食物。这一回，这位卫生部部长要求全面停止售卖"禁止"清单上列出的食物——在家制作也不行——若有违反，就要论罪。被禁的食物包括：

· 软糖和巧克力蛋糕
· 水果挞、奶酥和派（不包括因为宗教信仰在圣诞节时食用的布丁和蛋糕）
· 披萨、薯条和饼干

但其他部长想都没想就表示了否定。他们担心这样做会失去民心，因为大多数的国民都存在过度饮食的问题。有人嘟囔着说:"肥胖又不会妨碍到别人……"丹普斯邦基夫人嫌恶地冷笑了一声:"你是不是还想让大麻合法化?"

? 丹普斯邦基夫人确实不得人心。但她的逻辑到底合不合理?

73
一美元志愿者的认知失调

失调感的影响力非常巨大,时常会迫使我们改变某个存在冲突的态度或行为。这种不适感就好像是两种矛盾的念头陷入了紧张的对峙。一旦涉及自我形象,就会紧绷到极点。举例来说,我坚信自己是个好人,却发觉自己正在做坏事。要想缓解紧张感,我们只能

> 改变自己的行为
> 或
> 改变自己的态度。

在一项相当冒险的心理实验中(1959年时斯坦福大学进行的大多数心理实验都是这样),实验者要求学生们重复地去做一些枯燥的事,比如在特定时间内把钉子钉好、把线轴放上托盘再拿下来等。

你可以试着做做看:

·前半个小时，请把12个线轴都放到托盘上，然后都拿下来，再全部放上去。只可以单手操作。

·后半个小时，请把48个方形钉沿顺时针方向钉入木板。

"课程"结束后，实验者会向参与实验的学生们进行询问，再让他们离开。毫无疑问，学生们反映说，他们认为这些本应与"表现衡量"相关的课程很枯燥，一直在重复做无聊的事情。就目前而言，一切都很寻常。

然而，一段时间之后，实验者又单独叫回了部分学生，请他们帮忙完成这项枯燥的研究,（并解释说）因为原本负责监督工作的"研究助理"生病了。(可能是被逼疯了？)总之，实验者告诉他们，助理的工作职责还包括和有意向的志愿者沟通，而且他们刚刚进行的实验其实非常有趣。学生们完全不赞同这样的说法，认为这份工作会导致一定程度的认知失调。

认知失调，是指因为内心有两种不同的声音在持续交战，而产生了令人不适的紧张感。

实验者也会向临时助理支付薪水，但具体金额并不相同。有的学生每来一节课能得到1美元，有的学生能得到20美元，不过他们并不知道有差别的事。部分坚持原则的学生拒绝收取酬劳——另一部分没原则的学生收下了酬劳，但却在背地里吐槽实验项目。这些"骗子"于是就都被淘汰了。

实验想探究的问题是：金钱是否能够改变人们的看法？在这些被鼓励参与进来的新"研究助理"们之中，谁会觉得实验项目没那么无聊？

? 是得到1美元的那些，还是得到20美元的那些？

74

魔鬼的化学家

20世纪最为人称道的商业成功学故事之一就发生在德国的化工行业内。那也是行业巨头I.G.法本差一点儿就统治了全世界的故事。

"IG"原本只是一家生产染料的公司。直到19世纪中期，人们都只能将浆果、昆虫、花朵或树皮碾碎，然后提取制作染料。后来，有人找到了从煤中提炼染料的方法。很快，德国就出现了6家使用这种新型化工技术的大公司：巴斯夫、拜耳、赫斯特、阿克发、卡塞拉和卡勒。执着和坚定的企业精神推动着创新研究的进行，最终生产出了神秘的"合成蓝"染料，那正是东方"瓷器"的独特色彩。不留情面地削价、"亏本销售"、专利诉讼、产业间谍活动甚至贿赂等一系列市场营销手段也从此"粉墨登场"。

在种种手段的推动下，各公司都迅速壮大了起来。拜耳的资金储备已经足以支撑对硝酸盐制造新工艺的研发工作了。在那之前，德国只能向智利购买硝酸盐，再通过漫长而昂贵的海运将硝酸盐运送回国。原先，硝酸盐主要就是肥料中的一种成分。短短几年过后，硝酸盐就化身成了"二战"中使用的烈性炸药中含有的硝化甘油。在拜耳的牵头作用下，这6家公司停止了相互之间的内耗斗争，共同成立了一个庞大的"友好联盟"，并宣布其为"利益集团"（IG：Interessen Gemeinshaft），也就是我们所说的垄断或联合组织。（如今的日本还存在类似的财阀——他们还在搞垄断！）总而言之，这6家公司可以随心所欲地开拓新市场，绝对不会有来自本土的竞争对手和它们抢生意。IG强大到可谓一手遮天的地步，就连英国的帝国化学工业集团和美国的标准石油公司也选择加入了他们的"群体"之中，遵循他们的规矩行事。

不过，真正让IG集团富得流油的还得数战争。纳粹需要燃料和合成橡胶来制造"闪电战"等战争机器。只有IG这样的大公司才有可能满足他们的需求。奥斯维辛集中营里关押着大量囚犯，为了最大限度地利用他们所能提供的劳动力，纳粹在集中营附近修建了一座大型工厂，专门生产那些"爱国主义必需品"。工厂的规模极其巨大，据说，工厂的用电量比整个柏林的用电量都多。光是为建造这间工厂，就有25000名囚犯丧了命！

"二战"结束后，IG集团的24名董事在纽伦堡审判中被告上了法庭。起诉书指控他们"对人类历史上最残酷、最具灾难性的战争负有主要责任"、"实行了大规模奴役、掠夺和谋杀"。董事们需要对他们在战争期间所实行的策略进行合理解释，且需要对如下备忘录的内容作出说明：

> 我们正在试验一种新型催眠药，请为我们采购一批女人……
>
> 回复已收到，但200马克一个女人的报价太高了。我们可以接受的价格是170马克一个人。可以的话，我们就下单了。我们大概需要150个……
>
> 150个女人已收到。虽然她们身体瘦弱，但还算不错。我们会及时通告有关这项实验的最新进展的……
>
> 试验已开展。所有实验对象都死了。我们很快会就新货的问题与你联系。

这24位董事被称为"魔鬼的化学家"。然而，这群被告既不是纳粹，甚至也不是什么极端分子。他们都是头脑清醒的商人、工程师和科学家，具有非凡的智慧和杰出的才能。他们只是听从了政府要求他们为战争出力的召唤——在比较幸福的时期，他们也会满足剧院、艺术画廊，甚至慈善机构的需求。

? 他们并没有违反任何法律，只是在做自己最擅长做的事——赚钱而已。难道，赚钱还需要法律约束？

更多似是而非的图画

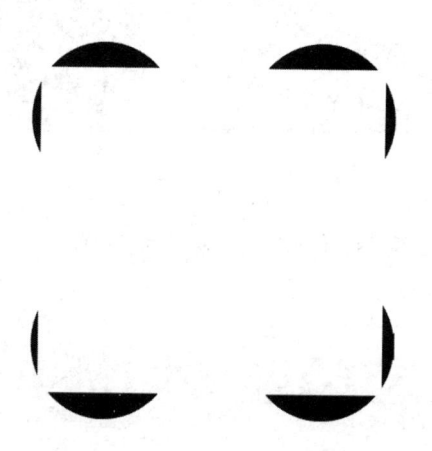

75

白天——还是夜晚?

M.C.埃舍尔,《白天与黑夜》

© 2002荷兰巴伦科登艺术公司版权所有。

? 鸟在往哪个方向飞?

76 瀑布会流动吗？

M.C.埃舍尔,《瀑布》

© 2002荷兰巴伦科登艺术公司版权所有。

? 如果不会，为什么？

77

建筑师的秘密

M.C.埃舍尔,《观景楼》
© 2002荷兰巴伦科登艺术公司版权所有。

> **?** 这位年轻的建筑师(坐在楼下的那位)成功地设计了这幢建筑,它有什么秘密吗?

78 越来越小

M.C.埃舍尔,《白天与黑夜》
© 2002荷兰巴伦科登艺术公司版权所有。

埃舍尔的这幅画是由四块木板拼成的!

? 令人惊讶的是,放大其中的一块,看上去就和"完整的"画一样。是不是很神奇?

79

三兔图

© 1998 山丘结构。

? 每只兔子有两只耳朵,这里有三只兔子———共有多少只耳朵?

非常重要的宗教问题

80 福音传道者

美国南部州的一个小镇一直遭受着飓风、干旱等反常天气的侵扰。当地的福音传道者在WKYTV上布道，说是太过放纵的生活方式和不良的行为导致了这一问题。这位纽曼牧师表示，所有正派的人下周一都得到他的教堂里来，喝下一种红色的、浓稠的特制"道德清洁剂"。不过，牧师用手指戳着镜头，凶狠地警告说，要是邪恶的人喝下了这种清洁剂，其身体内部就会"被侵蚀"，活不过一个月。

周日那天，成千上万的当地居民排起了长队，都想要净化自己的身体。再下一个周日也是一样。很快，即便是最初对此不屑一顾的人，也觉得起码有必要证实一下，小镇接连不断的灾祸与自己无关。

布道播出三周之后，逐渐有人确诊患上了一种前所未见的神秘疾病，人体的内部组织似乎会因此受到严重的破坏。没过多久，就有13位居民不治身亡。警方迅速行动，逮捕了纽曼牧师，以涉嫌故意杀人对他提起了诉讼。法官判他有罪，准备将他送上电椅实施死刑。但牧师提出了上诉。进一步的调查证实，他的"道德清洁剂"只是纯番茄汁，对人完全无害。牧师的辩护律师指出，对他的指控完全是无稽之谈，原因有二：第一，这显然是种心理原因导致的疾病，是那些自认邪恶的人心里有鬼，而且牧师根本没有点名道姓地说他们就是邪恶的人——事实上，他非常感谢那些来教堂参与"清洁"仪式的人，对他们都表示了祝福。第二，即便仪式会产生不好的后果，那也是居民们自愿参加的。

? 牧师有罪吗？

81

满怀仇恨的传道者

圣巴塞洛穆教堂的教士十分忧虑。一个又一个礼拜天过去，台下一脸虔诚的会众一次比一次少。他想象着，在不久后的某个礼拜天，教堂里再无其他人的身影。他站在教堂前面，只有年轻的助理牧师兼风琴手琼斯还在聆听他对爱与和平的宣讲。牧师敏锐地察觉到，恐怖主义和爆炸事件屡见不鲜，当今时代的人们迫切需要（基于不朽的价值观）健全的道德指导。在此前提下，目前的状况就更令人不安了。又经过了一个礼拜天，情况依然没有好转。某天，当谈及出席率的问题时，琼斯也颇有同感地点了点头，说道："怎么回事啊，他们好像对伊斯兰激进主义更感兴趣。"听到这不经意的一句话，牧师灵光一闪。能不能利用人们对这些政治问题的兴趣，甚至是对伊斯兰激进主义组织的好奇，去提升人们对基督教的兴趣？如果，小惠特林汉姆下区的人们不必每周再听他的布道，而是由一个伊斯兰激进主义者和他们讲讲"圣战"呢？

他俩都认为，这种"不可能事件"肯定会引起很多人的好奇心，到时候教堂里必然人满为患。但他俩都不知道到哪里去找一个真正的伊斯兰激进主义者。反正小惠林特汉姆下区没有这样的人。然而，短短两周后，教区居民们惊讶地发现，下周日有位"热情的牧师"要来，而且会就以下问题展开辩论（这也是我们要讨论的哲学问题）：

自杀式炸弹袭击者能不能上天堂？

毛拉阿尔－扎泽拉将持正方立场，他们自己的牧师则将持反方立场。

到了辩论的那一天，真的发生了一个小小的奇迹：教堂里座无虚席，孩子们盘着腿坐在前面，甚至还有人站在后排！牧师兴奋地自言自语道："后排站着人！谁能想到会有这样的局面！"琼斯用教堂的管风琴演奏起了《齐来崇拜》(*O Come All Ye Faithful*)，宣告活动正式开始。他用传统的方式演奏了一遍，又用他想象中的"阿拉伯"风格演奏了一遍，音调既奇怪又不和谐。台下的会众友善地鼓起了掌，琼斯的脸涨得通红，他朝大家点了点头，走进了法衣室。随后，牧师介绍了本次辩论的内容，并陈述了双方的立场。

事实上，在基督教和伊斯兰教的传统中，都有关于"圣战"的古老记述。"我们记得，"牧师戴上了他的金边单片眼镜,"《约书亚记》中提到,有31位国王在血战后落败,每场战斗结束后,他都会按照上帝的命令,毁掉那座城,杀光城里的所有人……布里格斯太太,你能起个头,把《约书亚记》第6章第21节读给大家听吗?"

一位把白发紧紧梳成圆髻的老太太站了起来,气势昂扬地开始大声朗读圣经里那段关于攻占耶利哥城的描述:"将城中所有的,不拘男女老少、牛羊和驴,都用刀杀尽。""谢谢你,布里格斯太太。"牧师说道,"但我们记得,圣经也告诉我们,主宽容你们,不愿有一人沉沦,乃愿人人都悔改。今天,我们将邀请演讲嘉宾来介绍一些关于伊斯兰教的事情,并和我们一起讨论是否存在所谓'圣战'的问题。"

法衣室的门打开了,演讲嘉宾毛拉阿尔-扎泽拉走了出来,会众间传来了窃窃私语的声音。毛拉缓缓登上讲坛,他可怖的外形引起了一阵惊呼。他留着浓密的黑胡子,戴着墨镜,缠着头巾,几乎看不清他的面孔,简直就像个凶恶的海盗。他抬起右臂打了个手势,又把恐怖程度提高了好几层——毛拉阿尔-扎泽拉的右手是个钩子!

牧师回头看了看,紧张地笑了笑,随即接着说道:"其次,穆斯林的圣典也指示说,古代犹太律法、圣经和古兰经三者即为'安拉之书',穆斯林教徒将从中获得指引和光。所以如今,伊斯兰教和基督教在信仰上是相一致的。"说完这句话,牧师就优雅地走下了讲坛，把位置让给了毛拉阿尔-扎泽拉。他揪着自己的长袍，似乎不太舒服，然后打量着台下那一张张虔诚的面孔，停顿了整整一分钟，才用带着奇怪口音的刺耳嗓音说道：'你们当为主道而抵抗进攻你们的人！'（《古兰经》第2章第190节）"

接下来，这位演讲嘉宾用生硬的外国口音解释说，他在阿富汗与异教徒战斗时，失去了自己的一只手。他用磕磕绊绊的英语朗读了《古兰经》中的部分章节，大意是说，没有什么比为上帝而战、杀死非信徒更神圣的事了。牧师偶尔也会插进来读几段《圣经》。"'瞧'，"毛拉阿尔-扎泽拉说，"'真主的确喜爱那等人：他们为他而列阵作战，好像坚实的墙壁一样。'（《古兰经》第61章第4节）'谁为主道而战，以至杀身成仁，或杀敌致果，我将赏赐谁重大的报酬。'（《古兰经》第4章第74节）"牧师紧张地插嘴说："但还是要记住，《圣经》里说，'只是我告诉你们：要爱你们的仇敌，为那逼迫你们的祷告'（《马太福音》第5章第43、44节）对吧？"毛拉阿尔-扎泽拉却根本没有理会他，继续说道：

"……报酬就是，'他将赦宥你们的罪过，并且使你们入下临诸河的乐园和常住的乐园中的许多优美的住宅，那确是伟大的成功'。（《古兰经》第61章第12节）穆罕默德说过：'不久之后，你们（阿拉伯人）将征服许多国家与城市。其中就包括加兹文。参与过那四十个日夜战斗的人进入天堂后,将得到一根镶着玉石和红宝石的金柱。他还将住进一座有着七万扇门的宫殿,每扇门后都有一位女神,会像妻子一样服侍他。'"(《伊本·马哲圣训实录》,第二卷)

"谢谢你,阿尔-扎泽拉先生,"牧师没有多说,"当然,基督教倾向于认为,杀人总归是种罪恶,我们的职责是宽恕。""真的吗,牧师先生?"演讲嘉宾的一双眼睛透过墨镜,紧盯着这位主讲人,"那《创世纪》里关于大洪水和所多玛与蛾摩拉城毁灭的故事是怎么回事?里面说,杀戮是让整个世界更加圣洁的一种方式,因为,'主说,我必报应!'(《马太福音》第5章第39节,第26章第52节;《罗马书》第12章第19节)""谢谢你,阿尔-扎泽拉先生,"牧师的语气更加坚定了,"但《圣经》里也说,'因我们并不是与属血气的争战,乃是与那些属灵气的恶魔争战'(《以弗所书》第6章第12节)。圣徒彼得也说,我们的'圣战'并非血肉之躯间的争战,而是与使他们盲目的撒旦战斗。因为'主宽容你们,不愿有一人沉沦,乃愿人人都悔改'(《彼得后书》第3章第9节)。"

然而,毛拉似乎并未被说服。情绪愈显高涨地读完了最后一段关于殉道恩赐的内容后,他拉开上衣,露出了一件奇怪的背心,上面绑着几根管子,然后让会众们上前来,加入上帝的圣战中去!他呐喊道:"'天堂在刀剑的阴影之下!'"

(《布哈里圣训实录》第四卷)有几个孩子朝他走去,就在这时,教堂后面传来了一声怒吼:"够了,这就太过头了!我命令你停手!"是当地的警察!

不出意料,毛拉阿尔-扎泽拉神色惊恐,立马钻进了法衣室,警察紧跟在他后面。牧师呼吁吓坏了的会众们冷静下来,让大家安静地有序离场(愿意的话,也可以捐点钱再走——当然,款项将用来修缮教堂的尖顶,跟炸弹的事无关)。

随后,他朝着法衣室走去,想看看情况如何。要是在辩论开始之前,提前跟警方打声招呼就好了!警察很困惑。他的动作已经很快了,但当他跑到法衣室后面的时候,那位传教士已经没了踪影。实际上,法衣室里只有琼斯一个人,他似乎一直在后面默默地作祷告。"牧师先生,"警察坚决地说,"你最好不要和那种坏人为伍——他们都是很危险的骗子!"

"好了警官先生,"牧师温和地说,"信奉上帝的人都是真诚的。""哦?你是这么认为的?"警察得意洋洋地拿出了他从法衣室垃圾桶里找到的东西——浓密的黑胡子、一大团绷带和一截带钩子的假肢!"毛拉阿尔-扎泽拉根本就不是什么参加过圣战的老兵!他跟小琼斯没什么不同!"警察对自己的推理能力十分满意。琼斯和牧师都没有再多说什么。

82—89 在一个阴雨绵绵的星期天下午,一个烦恼的教徒在牧师的下午茶聚会时向他提出了以下问题

问题82

教徒:如果上帝创造了宇宙,那么在他创造宇宙之前,他在哪里?

牧师:天哪!真是个好问题。上帝自己当然是不需要栖身于宇宙中的啊。

教徒:如果他不需要宇宙这个栖身之所,那为什么要费力创造宇宙呢?

牧师:呃……这也是个好问题。上帝是出于爱心和善心,为我们创造了宇宙。这是他给我们的礼物……

问题83

教徒:如果上帝是出于对生命的爱心和善心创造了这个

宇宙，那么为什么这个宇宙会如此糟糕？

牧师：这个嘛……你要知道……（嘟嘟囔囔）有些东西好像是很糟……（嘟嘟囔囔）没办法尽善尽美……（咳嗽）没办法让每一个生命都过得幸福美满（嘟嘟囔囔）……

教徒：拜托！根本不是那样！上个礼拜，在我去看比赛的路上，车子抛锚了！昨天，我的狗咬了送奶工！现在牙医通知我一定要去补牙，一个礼拜都说不了话！

牧师：呃……这个嘛……（嘟嘟囔囔）……都是没有办法预测的……

教徒：总之，如果上帝无所不能，为什么不把这个世界变得更好？

（喝茶休息一下，让牧师倒点儿茶，思考思考。）

问题84

教徒：动物死后，灵魂也能上天堂吗？

牧师：啊！这个嘛，也许吧，你知道的，我喜欢动物，但也不好说……

问题85

教徒：如果动物不能上天堂……那天堂究竟是什么样子？

牧师：啊！这个嘛，天堂里肯定有动物。毕竟，咱们的琼斯先生把唱诗班培养得那么好，我常常在想，他们的"晨歌"应该是教堂里能听到的最美的天堂之声了吧……！

问题86

教徒：如果有些动物能上天堂，那是不是就有些动物要下地狱？

牧师：不不不……我的天啊！（暗笑）

（牧师停顿了一下，从托盘里挑了块最好吃的饼干。）

牧师：你知道吧，《圣经》里说，动物是没有灵魂的。他们不过是些结构复杂的可爱机器而已。

问题87

教徒：如果是这样，我们为什么会觉得自己和动物不同？我们凭什么比动物更重要？

牧师：呃……这个嘛，我们没办法跟动物讨论这些有趣的事情，对吧？

问题88

教徒：但你可以和电脑交流啊。事实上，我就这么做过，电脑说的一些东西也非常有趣……

（牧师看起来有些茫然。）有能接纳电脑灵魂的电脑天堂吗？

牧师：这个嘛，其实，我觉得我们不能把灵魂的概念想得太简单……

问题89

教徒：是不是只存在一个宇宙的灵魂，一个共同的意识……

牧师：天哪，那是……

教徒：……如果是这样，又是什么使我们区别于石头和……？

? 问题求解：如何才能让教徒闭嘴。

给你提神的另外几个数学问题

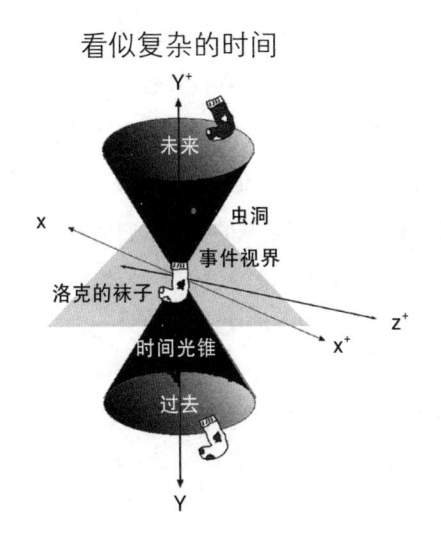

看似复杂的时间

- Y⁺
- 未来
- 虫洞
- 事件视界
- x
- 洛克的袜子
- z⁺
- x⁺
- 时间光锥
- 过去
- Y

90

分形农场之战

农场主詹姆斯·弗拉克托[1]爵士是个富有的吹牛大王,坐拥15平方英里[2]的农场;农场主乐基·格莱克[3]则很贫穷,人们都不太瞧得起他,他的农场也只有10英亩[4]大。他俩一向是水火不容。

有一回,他们在当地酒馆里喝啤酒,酒过三巡,又爆发了一场可笑的争论——乐基拒绝承认詹姆斯的农场更大。詹姆斯爵士怒气顿生,骂骂咧咧地让乐基和他打赌:詹姆斯绕着乐基的农场走,乐基绕着詹姆斯的农场跑,两人同时开始。如果乐基用的时间短,他的农场就归乐基所有;反之,如果詹姆斯用的时间短,乐基的农场就归他所有!

乐基嗤之以鼻:没问题,下周就比!不过,既然是你走我跑,那我觉得你应该用上测距轮,老老实实地沿着栅栏测

---

1 James Fractal,fractal意为"分形"。

2 1平方英里≈2.5平方千米。

3 Lucky Gleick,lucky意为"幸运的"。

4 1英亩≈0.004平方千米。

量，每个拐角都要走到。

次日，乐基进城卖掉了部分农场。人们说，应下赌约实在愚蠢，他是想尽量减轻自己的损失。不过，乐基随即就把原先的长方形农场改造成了圆形，一下子把大家都搞糊涂了。

他们拍着脑袋想了想，嗯，乐基本来就有点儿"奇奇怪怪的"。当乐基开始在圆形农场里搭栅栏的时候，人们愈发肯定了自己的判断：他的栅栏并非沿着农场边缘，而是在农场内部，虽然在面积上有些浪费，但确实有效地增加了栅栏的周长。

搭建完成后，他的圆形农场又变成了三角形，围着栅栏边走一圈需要三刻钟，走完一条边需要15分钟。

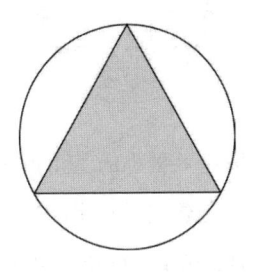

乐基并没有就此停手。他沿着三角形农场的边线，又各搭了一个边长为原先三分之一的小三角形栅栏。

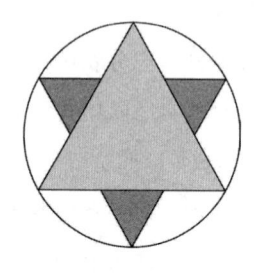

随后，他一发不可收拾地在这12条边上继续搭建小三角形栅栏。他的农场如今已有48条边了。

接下来，他又搭建了更小的三角形栅栏，弄出了192条边，768条边，最终，他建成了共计有3072条边的栅栏。

起初，围着他的农场走一圈要花45分钟，相当于每条边15分钟；第一轮加建结束后，走一圈要花一个小时——每条边5分钟，共有12条边；第二轮加建结束后，走一圈要花1小时20分钟，每条边大约只需1分半钟，虽然边长短，但胜在数量多；又经过一轮加建，沿着一段段的栅栏走完一圈，要花上1小时45分钟；最终，栅栏搭建完成后，围着他的农场走一圈要花两个多小时。乐基绕着詹姆斯的农场跑一圈可用不了这么久。

? 乐基赢了吗？

91

洛伦兹的水车

想想那可靠的老式动力源——水车吧。只需有极少量的雨水经由水道滴落,就能产生动力。下图是气象预报员兼混沌物理学家爱德华·洛伦兹设计的(提出了概念)铸铁水车。

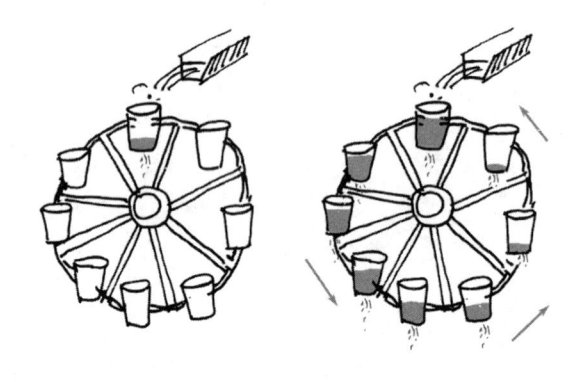

图一:水车处于稳定且可预测的状态——静止不动。

图二:另一种形式的稳定状态,水车迅速转动着,各个小桶里的水不断装满又排空。

水流进第一个小桶,小桶逐渐变重,水车开始顺时针转动。第一个小桶转走后，水开始流入第二个小桶，随着其重量的增加，推动水车转动的力也在逐渐变大。随后是第三个小桶、第四个小桶……这时候，第一个小桶已经转到了最低点，将从另一侧开始上升。水车的设计十分巧妙，每个小桶的底部都有一个洞，在转动的过程中，小桶里的水会缓慢地流出。因此，当小桶再次上升时，它的重量要比先前下降时轻许多。等它再次升至顶端时，桶里的水也就流完了。

水车转动得十分顺畅，经过初始阶段短暂的停顿后，甚至转得一圈比一圈更快。那么现在的问题是：需要多大的力才能使水车不再顺时针旋转——并变为逆时针旋转？这算得上是个相当棘手的准数学问题，所以存在非此即彼（"猜测"）的可能性：

1.需要极大的力。众所周知，水车能把那些愚蠢到这样试着玩的人弄死！

或

2.只要时机合适，一滴水就能做到。

92 前线的统计（或钢盔导致头部受伤的原因）

"一战"期间，简陋的野战医院收治了非常多头部中弹的士兵。很长一段时间之后，他们（并非全部）才得以康复，治疗费用也不是小数目。战争初期，士兵们都带着布帽，看起来很是英姿飒爽，但那种帽子其实只能用来遮阳。看着那可怕的数字，白厅里的某些"办公室工作者"心想，如果强制士兵们（像如今的摩托车手或建筑工人那样）戴上坚固的钢制防护头盔，就能有效地控制住局势。他们推测，实施该命令后，野战医院中头部中弹的伤兵数量将大大减少。然而，事与愿违，引进钢制头盔后，头部受伤的士兵数量反而急剧增加了。

这似乎又是一个因为对"健康和安全"的无知而导致事态恶化的案例……

? 抑或是，因为戴上了钢制头盔，所以士兵们变得更粗心了？

93
西米德兰兹郡索环工厂的问题

受中国及远东地区的低工资经济体廉价出售商品的影响,西米德兰兹郡的一间小型索环工厂(管它到底在哪,总归听起来不像是什么好地方,偶尔有人想离开也完全说得通)已出现了连续的亏损。

(在管理者华莱士先生看来)公司缺乏竞争力的原因之一就是缺勤率"过高"。迅速查看相关数据后,人事主管(华莱士太太)发现,将一年的考勤情况平均计算,40%的病假都发生在周五或周一。在8月的某个星期内,多达三分之二的病假都发生在周五或周一!

一场全体会议就此召开。华莱士先生宣布,公司决定,禁止员工在周末前后请病假,即刻生效。从现在开始,如果没有公司医生签署的假条,任何病假都不批。"想去布莱克浦的话,"华莱士先生语调尖锐地说,"就花你们自己的时间去!"

? 强硬的管理——还是专制的命令?

最后几个问题

94

给乏味的哲学家提最后一个问题

按照标准的"形式逻辑",合理的定义是:

一个哲学论点若不可能前提(假设)正确而结论错误,那么它就合理。

换句话说,当以正确且合乎逻辑的方式提出一个问题时,如果所有关于事实的假设都正确,那么由于问题是按照逻辑规则所提出的,我们就可以肯定,其结论也必然正确。

? 这是进行缜密且严谨的思维活动的良好开端吗?

95
痛苦有益

边沁主义认为,痛苦总是有害,愉悦总是有益,从生态学角度来看是说不通的。疼痛是告诉我们该去看牙医的自然信号。毕竟,正如环境哲学家J.贝尔德·克里考特所说:"一个活着的哺乳动物,如果从未感受过痛苦,其神经系统就会出现致命的功能障碍。"克里考特还补充说:"所谓痛苦邪恶应当尽力削减或彻底消除的想法实在是粗劣,跟暴君杀死带来坏消息的信使,以为这样就能提升幸福感和安全感没什么不同。"

他说得简单。但我还想听听别人的想法。

96

贪婪有益

亚当·斯密和伟大的哲学家大卫·休谟同为苏格兰人，他们不仅是相熟的朋友，而且都很精明谨慎。亚当·斯密发现，虽然出乎大多数人的意料，但让这个世界保持运转的并不是爱——而是金钱。金钱是一只看不见的手，无论是我们的利他行为还是自私之举，都由它操纵。

经济学家就是金钱的哲学家，没那么高深莫测。他们都爱亚当·斯密。不过，长久以来，许多哲学家都忽视了亚当·斯密对金钱在道德决策中作用的描述。他们都把注意力放在了斯密的另一部著作——《道德情操论》(*The Theory of the Moral Sentiments*)上，但这本书中的观察其实并不具有太强的原创性或创新性：斯密认为，"同情心"——我们也称为"同理心"——是社会生活的根源。不知怎么的，他对资本主义制度下道德的重要叙述并未得到人们的关注。他其实说得非常简单：

贪婪有益。

因为实际上，自利是社会合作的基石。而贸易就是社会合作的一种形式。斯密对这方面特别感兴趣。他说：

> 没人见过哪条狗会公平且娴熟地和另一条狗交易骨头。

如果贪婪真的有益，且自利是人类的天性，那么对面包师、屠夫和烛台制造商来说（他们想要做正确的事），实际存在的难题在于：

? 他们是应该满足于温饱无忧的生活——还是渴望着赚大钱？

97

睡眠问题

诺曼的生活十分忙碌，连睡觉的时间都没有，只能在做其他事情的间隙抽空睡会儿觉。比如，在乘坐8点32分的火车去东克罗伊登，或是在晚间看电视的时候。问题是，每当他进入梦乡的时候，就总有人要和他说话，或是有什么事情来打扰他。

这样过了几年，诺曼练就了一种特殊的能力。等他睡熟之后，如果有人过来问"不好意思，你介意我把窗户关上吗？"或是"诺曼，你在看吗？"诸如此类，他都能在沉睡的状态下回答：

"我睡着了。"

? 他真的睡着了吗？

98

睡觉的人

可怜的约翰·洛克。他辛辛苦苦地工作了一整天,想要找出能保护居民不受臭鼬和狐狸骚扰的方法。在他看来,这是一个迫切需要引起社会关注的问题。(喝了很多茶,铰接鸡笼的铁丝网、捆绑木材就不用说了,这些都是他的早期理论所需要的!)他早早地上了床,睡得很香。凌晨四点左右,他突然醒来,舒舒服服地躺在床上,突然想到了一个从政治上解决这一问题的新方法,一下子就兴奋了起来。他想马上起床,去实验室完善自己的新思路。问题是,他知道自己起床肯定会吵到房东太太,她是个睡眠很浅的人。洛克每次工作到深夜时,不论动作有多轻,她都会被吵醒,然后就是一顿抱怨。

洛克只能从道德哲学的角度来衡量。现在去做研究的乐趣肯定会被房东太太的怒气冲散,而就算等到天亮之后再去做研究对他而言也没有任何损失。况且,在床上躺着确实很舒服。洛克哼了一声:"天亮之后再说吧老伙计!"于是他翻了个身,就继续睡了。

但到了第二天早上,一如往常,他又把凌晨的奇思妙想忘记了。真烦人。他只好安慰自己,至少做了个自由的选择,多睡了一会儿,现在就必须接受这个结果。

然而,洛克并不知道,凌晨的时候自己其实并没有选择的余地。因为那天夜里,房东太太把他的门从外面锁上了,就是为了防止他乱走动。所以即便当时他决定立即去做研究,也出不了房门。

? 洛克认为自己做出了自由的选择——事实真是如此吗?

99

简单的宇宙

与其去幻想超光速宇宙飞船,不如换个简单点的思路,把自己想象成一道光波。设想一下,你是正在宇宙中运动的一颗光粒子。

光(在真空中)的速度恒久不变,那么很有意思的是,时间和空间都会扭曲变形。如果你骑着自行车穿过码头,速度达到光速的一半,你和你的自行车都会变大,时间也会流动得更慢。

要想简单点儿,你可以把自己当成一颗光粒子,那么你终将以光速运动(终于可以了!),必然能获得一些奇妙的体验。对于光来说,时间已趋于停滞。同样的,你可以无拘无束地在宇宙中穿行,因为光可以在极短的时间内,抵达任何地方。

况且,根据狭义相对论的定义,微粒和宇宙一般大(或者说,宇宙和微粒一般小——这是同一个概念)。无论如何,就是可以瞬间抵达任何地方!实际上,从光的角度来看,时间本身并不存在。没有过去,没有现在——只有"当下"。

> **?** 这当然能让事情简化……但将事物简化一事,现实吗?

100
哲学问题的问题（尚未解决）

哲学问题确实很多。你研究得越多，发现的问题就越多。你的目光有多远，问题就能延伸多远，而且其中大部分都尚未得到解决。没错，如今有了功能强大的计算机、望远镜和起重机等设备，如果能把所有的哲学问题聚集在一起，我们肯定能计算出这些问题有多重。如果把它们一个个连接起来，我们就能测量出它们延伸的距离有多远。或者我们还可以细细地研究这些问题，看它们是用什么制成的。反正如今的计算机和科技几乎无所不能，能解决任何重要的问题。不过，或许并不包括哲学问题。

因为哲学问题的问题就在于，它们没有恰当的解决方法。

> **?** 那是哲学问题的一个问题吗？

101

存在的问题

梅加索福特先生在读一本关于存在本质的书。书上说，人活着就是为了通过性生儿育女，传递"基因物质"。

其实，还真有不少间接证据能支撑这个说法。第一，人类强烈的性欲似乎只是为了达成生育后代的目标。第二，至少有某一群人非常关爱自己的孩子，并愿意为自己的孩子作出牺牲，这只能解释为，这部分人是在为自己基因的未来做投资。（肯定不是基于利他主义，因为很少有人会如此关爱别人的孩子！）就是这种"自私基因"决定了人的行为。梅加索福特认为，这很好地解释了我们为什么活着，以及存在的意义是什么等问题。

我们其他种种的行为：踢足球、搞艺术、杀人（包括他们的孩子）等，都可以从这个角度加以解释。甚至当我们的子女长大成人、与我们分开生活之后，我们就必然会在不久后死去。这种说法虽然不好听，但十分简明了。

梅加索福特先生非常严肃地承担起了将自己的基因密码传递下去的责任。他在梅加索福特实验室设立了一个秘密部门,该部门的任务就是把从他的细胞中抽取的一串DNA移植到他的同居女友夏琳捐赠的卵子中。(梅加索福特先生故意没有告诉夏琳,她卵子里携带的基因已被移除。)随后,这个卵子就被深度冷藏了起来,放入了一个由太阳能驱动的特制"逃生舱"中,附装在梅加索福特的通信卫星上。他计划将这艘迷你宇宙飞船发射到遥远的太空里,让其永存。

梅加索福特先生认为,这样一来,就能确保他的基因比其他人的基因都留存得更久,并且,人类也就没有必要再延续下去了。针对这一理论,至少就解决存在的问题而言,还有一个问题:如果我们的目的只是要传递基因密码……

? ……基因密码的目的又是什么?

讨论部分

问题1：牧场里的奶牛

这个问题很适合作为哲学思辨的开端，因为哲学家们甚至比农场主们更关心实用性知识。很多人会说，考虑到人性的脆弱，只需要符合以下几点，我们就可以说自己知道某些事情：

· 我们相信情况就是如此；
· 我们的信念有恰当、切实的逻辑；
· 事情就是这样。

这样的知识就是所谓"有根据的真实信念"。

然而，在农场主菲尔德这个案例中，虽然他满足了所有这些条件，我们却仍然觉得，他并非真的知道黛西在牧场里。

柏拉图在《泰阿泰德篇》（*Theaetetus*，201c–210d）中也提到了这个问题，只是他的表述更加正式，并且，在他提出这一问题之后，许多哲学家都陷入了困惑，尤其是20世纪以来那些对"分析"哲学很感兴趣的哲学家。在本案例中，农场主菲尔德：

- 相信奶牛是安全的；
- 有证据能证明这一点（他的信念得到了证实）；
- 他的奶牛确实安然无恙。

尽管如此，我们可能仍然觉得他并非真的"知道"这件事。这一切都表明，对"知识"需要有一个不同的定义。没错，所有知识都应当是"真实且有根据的信念"，但真实且有根据的信念似乎并非都能被判定为知识。许多哲学家都表示，为了筛除这种反例，还需要增加一项更加复杂的条件。

因为觉得这三个条件加在一起仍然"不够充分"[1]，因此，某些哲学家就简单地增加了一项附加条件：任何由错误信念推断出来的内容都不能算作知识。不过，这显然有点儿像同义反复的伎俩，这应该是哲学家最后的手段了。

还有些哲学家曾试图取消第一项条件，认为应该允许某人在不相信的情况下获得知识，另一些哲学家则希望制定标准，确定"知道"某事不仅仅是"相信"某事，而是能够"接受"某事，且无论这件事是什么……

如何发现知识的准确性是西方哲学讨论的基本主题，正

---

[1] 最近的论述可参E.L.盖蒂尔发表在《分析》（*Analysis*）上的一篇恰到好处的短文。

如古希腊哲学家和勒内·笛卡尔（见问题3）所做的那样。笛卡尔在自家16世纪的壁炉房间里冥想，认为自己找到了答案，即作为一个会思考的人，他的确是存在的。那句名言就由此概括而来——我思故我在。笛卡尔相信，这就是他必定知道的事情，而不仅仅是相信的事情。

问题2：乌鸦

如果羽毛的颜色永远都变不回去了，这只绿色的乌鸦能算是乌鸦吗？因为只要不是黑色的鸟就不是乌鸦……

这个问题也可以说成"天鹅都是白色的"，当然，直到有人在澳大利亚发现了活生生的黑天鹅，人们才推翻了这一定论。事实证明，这样极端的问题也可能与现实产生关联。为了避免再次遇到这种尴尬局面，许多哲学家更喜欢讨论这样的问题，比如是否所有的单身汉都是未婚男性，2+2是否等于4，水是否由一个氧原子和两个氢原子构成，等等。（参见问题47—58）讨论就可以集中在这些术语究竟是分析性的还是综合性的，是先天的还是后验的[1]，就让科学家们去承担对这个世界推论性、实证性的研究吧。宫廷哲学家或许能以此把一个"归纳性"的问题转变成一个"概念性"的问题。那绿乌鸦呢？它可能是只——后验的——人造乌鸦吧。

---

[1] 此处引用的专业术语仅仅是为了迷惑读者。

问题3：笛卡尔的大问题

答案当然是否定的。你在做梦，或是你的大脑正被泡在一桶化学试剂里（或者就像在某些健康俱乐部里的真事那样，两者皆是），尽管如今的计算机已发展得相当精密复杂（恶魔总是这样），但这似乎都是不可能发生的事。无论如何，根据过往的经历，我们只能说，这是不可能的事，不过只是些杜撰出来的把戏。事实上，正如勒内·笛卡尔缩在上了年头的法式石头壁炉旁沉思时所发现的那样，只有一件事是所有人都能确定的，那就是思考。你不可能被"诱骗"以为自己在思考，因为即便是被诱骗，也需要你去思考。"我思故我在。"尽管这里的"我"不能绝对地按照字面意思理解为某个特定的人——只能说成是某个"能够思考的存在"。

这一特定真理是笛卡尔认识整个世界的依据，翻译成这样或许会好一点："有个能思考的存在在思考存在。"或许，这也不绝对。

无论如何,谁是"能够思考的存在"?没有人确切地知道。可能是上帝吧。

问题4：绞刑法官

"绞刑法官"和"所有克里特岛人都说谎"这类悖论略有不同。不知多少年来，从亚里士多德到芝诺，再到阿奎那，哲学家们为此争论不休。这个悖论起源于古希腊哲学家埃庇米尼得斯，他声称，来自克里特岛的人都说谎话。这种说法不仅有点儿种族主义的倾向，而且还有些令人费解，因为埃庇米尼得斯本人就来自克里特岛。如果这是真话，那么他自己说出来的话就应该是谎话；但如果这是谎话，那么……这一言论的真实性影响着这句话被说出时的背景，这句话被说出时的背景也影响着这一言论的真实性……翻来覆去，这句话的真实性在不断地扭转。实际上，虽然看起来像是真话，但这样的言论既不是真话也不是谎话。不像"你好，牧师"，这样的话不需要被赋予"真实价值"。

这个犯人到底写了什么？"我明天会被绞死"（或类似的话）就足以使他免受绞刑了。很显然，首席行刑官不能对他执行绞刑，因为犯人亲属可以控告她错误执法，因为"我明天会被绞死"这句话是真话。同样，如果首席行刑官承认这句话的真实性，把他押回牢房，他应该很快就会被再押送回来，因为监狱长没有权力再收着他。监狱长知道，他显然又对法庭说了谎，所以还是要被施以绞刑。

问题5：兴都库什的理发师

理发师突然想到的是，他自己的头发该怎么办？无论他怎么做，似乎都会违反某条规定。

这就是如今广为人知的"理发师"悖论，其实它是一个很古老的悖论，哲学家伯特兰·罗素在20世纪早期就曾提到过。罗素不太准确地把这个悖论总结成了一个问题，即"自身不是集合元素的所有集合的集合——它自身是集合元素吗？"他被这个悖论隐含的意义惊到了，因为这不仅是逻辑上的悖论，而且还是数学上，甚至日常语言上的悖论。因此，他在自传中写道，他一生的工作成果似乎都要毁于一旦了，连续几个星期，他都吃不下睡不着。他把这个悖论告诉给了他的同事，数学哲学家戈特洛布·弗雷格，弗雷格回复他说，"数学界要颤抖了"。

人们提出了许多解决方法。一种方法是，理发师应该尝试用一些巧妙的说辞骗过守卫；另一种方法是，理发师应该安排一场意外,并设法使自己的头发全部掉光。然而,这些方法都没有触及问题的核心。

伯特兰·罗素在其代表作《数学原理》中,尝试针对不下7种表现形式下的此悖论寻找解决方案,并由此得出了他的新提法:自身不是集合元素的所有集合是集合自身元素的集合吗?如果不是,它又是什么?尽管对此问题的描述已非常准确,但其实还是不足以解决这个矛盾。罗素甚至因此激进地认为,所有指向自身的陈述都应当被视为"非法",或者至少可以说是毫无意义。可惜,许多有意义的陈述都是指向自身的——甚至可以说,自指性就是它们的意义所在。

问题6：学校小卖部的难题

简会想，如果她不承认，珍妮特也不承认，吉布博士就会放过她们俩。但是，如果她不承认，珍妮特却承认了，那么她就会被开除！所以，最保险的做法就是承认自己从学校小卖部里偷了东西，接受停一学期课的处分。

事实上，在类似的情况下，有罪的人都会这样推理。只要是在无法与同谋者沟通的情况下，且无法彼此承诺会保持"沉默"，他们都会选择坦白来减轻损失——即便最好的方案是坚持不认罪。（当然，坚持原则的无辜之人可能会采取一系列绝非理智的行动，这比承认有罪还要麻烦。）

1951年，美国的梅里尔·弗勒德首次提出了这个问题，从那时起，"囚徒困境"就引发了针对"理性"本质的广泛讨论，并催生了对"博弈论"的新研究。比如说，这似乎与全球核军备竞赛的情形有相似之处，如果竞赛双方都不升级自己的武器，那么双方都会受益。最糟糕的情况就是，在你选择按兵不动的情况下,另一方改进了自己的武器。至于这个问题,最近的历史现象表明,最好采取相对折中的措施——双方都全力升级自己的武器,但不追求任何军事方面的相对优势。至少,在通过沟通建立信任之后,这样的困境就会有所缓解了。

问题7：普罗泰戈拉的问题

据说，法官对此也感到十分困惑，于是决定休庭100年。悖论在于，两种思维方式似乎都很正确，但却指向了相反的结论。

这是个"经典"问题——的确，相当经典——古希腊人就喜欢边喝酒边讨论这样的问题。这其中没有什么"诡计"——就算有，至今也没人发现。尤阿斯洛斯和普罗泰戈拉在逻辑方面都没错——但他们俩也不可能都对。古代人们之所以对此类问题这么感兴趣，就是因为这种悖论倾向于打破逻辑，打破我们大多数推理所依赖的基础。这便是为什么古人觉得这些问题这么有趣了。

我有位学识渊博的朋友补充说：

虽然著名的雅典最高法院可能忙于审理动物和物体相关的谋杀案，未曾受理此案件，但律师们对这一悖论可非常感兴趣。部分原因在于，许多法律术语都是"自指的"，比如说，"这条法律不再有效"，或者，"本书受版权保护"（也就是说，这类声明只凭其自身有效）。此外，法律上还有许多复杂的"圈圈绕"，比如保险单上就会有企图排除"由其他保险单负责理赔"的内容。

在1946年俄亥俄州政府对琼斯一案中，控方特别引用了普罗泰戈拉的问题作为证据。琼斯医生被指控非法为哈里斯女士进行手术。此案件的关键在于哈里斯女士的证词，即她曾请求琼斯医生做手术，琼斯医生就照做了。摆在法官面前的问题是，如果判定琼斯医生非法做了手术，那么哈里斯女士就是同谋，她的证词就不可信，在法律上就是无效证词。在此案件中，下级法院和上诉法院都只能让陪审团去裁决（如果有必要，则不符合逻辑）。这些不懂哲学的人完全忽视了该问题中圈圈绕的循环性，就判定了琼斯医生有罪。

问题8：意料之外的考试

这可能和芝诺的经典悖论——"阿喀琉斯与乌龟"有点儿像，鲍勃的推理没有漏洞，但他的推理没有用。帕特里夏推理的每一步都对，结论也对——但（很遗憾，在哪个班上都一样）就是不符合现实！

问题9：船长索瑞迪斯

这里的问题是，三艘战船之中，哪一艘是原来的"霹雳号"？是支架上用作纪念的战船、船长驾驶的战船，还是设计者心中的战船？又或者，还有别的答案？

这个问题和多少粒沙子才会成为"一堆"有着异曲同工之妙，虽然可能会引发关于"同一性"的问题，但管它呢！你可能会觉得沙堆的问题很容易，至少可以估计出来，但当你试着一粒一粒地加沙子时，就能轻易地发现，这里面的区别根本难以察觉。（想象一下，如果你往沙堆里加多了几粒沙子，就会受到惩罚，那有多恐怖！）人类善于"模糊思考"，为了得出结论，我们会把不充分的信息整合到一起。

然而，一旦涉及推理，就需要作出明确的区别——什么是，什么不是。所以，要说出多少枚硬币才能让一个乞丐变得富有，或是多少粒沙子才能形成沙堆，这都是不可能做到的事。同样，要说出蓝色什么时候不是绿色，一英寸什么时候才是精确的一英寸等,也都是不可能做到的事。这比说我们的推理都依赖于取近似值还要糟糕——近似值能和什么相比较呢?

问题10：预言海战的问题

乍看之下，哲学家最好应该说，卡桑德拉说的就是真相——或是谎话——反正起码在这个世界上，没人能知道到底是哪一种，所以他们怎样都能自圆其说。然而，民众轻易地相信了她，觉得她的说法更可信，那么哲学家就不能这样说了。

问题在于，如果卡桑德拉发出的警告是"正确的"，那么悲剧就一定会发生，且任何人都无力改变。这是个与"自由意志"这一复杂哲学观念有关的问题，正因如此，这个逻辑回路才会被视为一种"个人问题"。亚里士多德最先在《解释篇》(*De Interpretatione*，第9部分，第186页）里就提到了这个例子，但他并没有对该问题进行充分的阐释。

问题11：飞往香格里拉的999次航班

在"现实生活"中，有不少人为了生存下去选择吃人，还有更多人可能也这么做了，只是不愿意承认。这就是一项流传至今的古老传统！

沉船事件的幸存者们可能会认为，自己只是在行使自卫权，而非采取了某种特殊举措。他们的罪过不过是"不作为"——没有帮助处于弱势的同行者，没有自我"牺牲"（船长真可耻！），诸如此类——而非"作了恶"。

再来看看坠机事件，和电车困境（见问题14）中所谓的"理性"考量一样，我们可能会对受伤男孩死亡的必然性有所疑虑。这里涉及了对未来的预测——谁知道救援人员会不会出现？甚至说，会不会遇到一个友善的雪人？其他幸存者需要吃掉小男孩与其说是"考量"之下的必然，不如说是对概率的预估，而概率是很难揣摩的。即便是必须要以他为食，他们也可以选择先等他死去。那样的话，他们最多就是吃了不该吃的东西。拒绝食用同行乘客的尸体主要就是因为"恶心",而非明晃晃的道德禁令。毫无疑问,当你在喜马拉雅山脉的冰雪之中濒临死亡的时候,你的情感和审美反应都会发生变化……

问题12：卡涅阿德斯的船板

　　这个思维实验与电车困境大致相似，逼着我们进行两难的选择。不过，人生就是这样充满了戏剧性。无论如何，针对此类问题，哲学界仍争论不休，但从法律层面来讲，在"现实世界"中发生的先例中，克鲁索应该受到审判。因为他把罗宾从船板上推到了海里，至少根据英国的法律，他就是杀害罗宾的凶手。正如英女王诉达德利和史蒂芬斯一案（1884年）所判决的那样，必要性的论据不能作为无罪的辩护。换句话说，如果克鲁索趁着海浪把罗宾从船板上冲下去的机会趴上去，再守住船板寻求救援，就没有任何问题。然而，这或许就只是策略，算不上是哲学了。

问题13：可疑的捐赠诊所

这样做合乎道德吗？重点是，德迪凯蒂特医生认为这是自己该做的事。在诊所茶歇室闲聊时，其他同事提醒他，最基本的职业准则就是"不伤害他人"，就算是个伪善的蠢货，也绝不能违背这一点——后来的事就不必多说了。

问题14：著名的人行道困境和人肉炮弹

"电车困境"演变出了多个版本，可能发生在深井或奇异的丛林里，可能表现为极端斯巴达式的逻辑形式，也可能套用了精心设计的"佩内洛普·皮茨特普式"戏剧风格。其中大多数版本都相当极端，坦白点说，根本不可能发生。但重要的不是"答案"是什么，而是人们对答案的看法。

经哲学研究后发现，大多数人都觉得，把列车引向另一条铁轨的做法合情合理——但弗雷德不能把毫无干系的陌生人推下去。心理学家和哲学家们都很重视这一点，他们认为（用心理学家乔纳森·海特的话来说）道德推理依赖于直觉和情绪，任何决定背后的"理由"其实都是经过直觉判断后的结果。因此，人们才会同意把列车引向另一条铁轨，觉得"用一条命换五条命更划得来"。任何理由或实践上的优势通常是"功利主义"的衡量——但人们不会同意把别人推到铁轨上，因为"不该剥夺一个无辜者的生命"。他们将自己的心理"观点"转化成了"康德式"推理的所谓"绝对命令"和神圣原则。心理学家给出的脑部扫描结果也很令人印象深刻；事实证明，思考本问题的第一部分时，人脑关于逻辑的部分在安静地运转；而在思考本问题的第二部分时，则是人脑关于"情感"的部分在奋力运转。

换句话说，即便从"算术"上看，结果没有差别，但区别之处就在于"意图"。这也是哲学家所谓的"双重效应"学说——旨在达成好结果的坏行为有失道德，具有同样有害"副作用"的好行为就"情有可原"。举例来说，美国政府可以为了消灭"恐怖分子"而向餐厅投掷炸弹，但为了"保护美国免遭袭击"，就坚决要阻止恐怖分子向餐厅投掷炸弹。魔鬼总是存在于细节之中。

就我自己来说，我同意把列车引到另一条轨道上，因为我们大可以进行模糊推理，假设那位抓蝴蝶的老太太听到列车改道后会跳到一旁，"也可能发生别的什么事"。虽然不是绝对，但这样的选择确实划算。(这可是电车困境啊！)从这个角度分析，我并不能完全肯定自己的选择是否会夺走她的生命。当然，我只是在做模糊推理。可以说，如果就让列车冲向那五名工人，也可能出现某些意料之外的变数让他们逃过一劫。同样的，可能有人会说，就算把那个年轻人推下桥，也"不能确定"他到底会如何。在这种困境中，就像在现实生活中一样，如果我们选择让列车冲向糟糕的结果，那么最简单的理由就是"不确定"会发生什么……

问题15：非典型音乐困境

无论是否喜欢古典音乐，杀人似乎都算不上是好事，更何况这里讨论的是一位著名的音乐家。不过，仔细考量之后便不难发现，不管是第二个案例还是第一个案例，其实都不太有说服力。

尽管如此，第一项"思想实验"还是成为美国等地的知名案例，并在节育及人流的棘手问题上，成功地统一了人们的立场。这个故事被公认为出自莫里斯·巴林（1874—1945）之手，他与G.K.切斯特顿、希莱尔·贝洛克是密友，三人都是狂热的天主教徒和业余哲学家。在反对堕胎、反对因"功利主义"思想堕胎的问题上，它似乎是为人们提供了一个强有力的论点。这个故事好就好在，它看起来很真实。

但换个角度来看，这也是它的致命弱点。一定会有新的真相浮出水面，打破所谓的真相。"真相是"，贝多芬不是他父母的第五个孩子，而是第二个孩子。况且，在18世纪，孩子死于襁褓之中,并不是什么稀奇的事。虽然贝多芬的母亲确实死于肺结核,但贝多芬夫妇在生育"第二个孩子"的时候,显然还完全没有考虑过节育的问题。

尽管如此,近年来,这个故事在网络上流传甚广。然而,它与关于堕胎问题的争辩到底有多大关系?真实案例总蕴含着一种力量,但正如我们所见,这只不过是个真假混杂的故事。总而言之,从理论上来说,婴儿之所以"没能诞生",要么就是终止了妊娠,要么就是在性交这个源头处避免了妊娠。"那可能是贝多芬"——也可能是希特勒、波尔布特,或其他什么人。"干得漂亮,西蒙。你刚好扼杀了克里夫·理查德!"

在以色列进行的大规模屠杀平民的实验

以色列心理学家乔治·塔马林曾经做过一个研究"偏见"的实验。他找来超过1000名8至14岁的学生,让他们评论《旧约》中的约书亚是否道德。在那篇故事里,耶利哥的城墙在神秘力量的作用下轰然倒塌,约书亚得以率军放肆闯入。后来,正如圣经中描述的那样,"他们摧毁了那座城,用刀杀尽了城内的男女老少,牛羊和驴……然后用火将城和其中所有的焚烧了"。唯有"金子,银子和铜铁的器皿"被放在"耶和华殿的库"中。如果有什么值得惊讶的,那就是这宝库显然就在地球上的某个地方。

塔马林问这些（以色列）儿童的问题很简单：你们认为故事中的古以色列人行为合乎道德吗？三分之二的孩子认为那很道德，只有少数给出了否定的答案。考虑到以色列人的利益，其中相当一部分孩子只觉得需要调整屠杀的策略。当然，在本案例中，因为这些孩子被质疑对自己的历史和群体存在偏见，所以他们的犹太背景、起源和信仰都属于实验的一部分。

为了进一步验证，塔马林缩减了实验对象的规模，他向168名以色列儿童讲述了一个相似的故事，但这一次，"名字变了"，主人公被换成了"林将军"，故事则发生在中国古代。这一回，绝大多数儿童都反对屠杀——事实上，只有7%表示了赞同。到处都能看得到他身影的牛津大学教授理查德·道金斯致力于推广"科学"，他认为，该实验证明了宗教的邪恶影响，还充分地体现了人们在做判断时的偏见程度，小民族主义的负面影响就更不用说了。"我们"看似做了对的事，但却已经违反了通则。

美国昆虫学家爱德华·威尔逊曾经说过，在动物世界中不存在任何对应的人类行为就是与宗教相关的行为。威尔逊认为，编造关于宇宙及其中各部落的离奇故事就是"圣经相关倾向的一部分"，那些故事必然都很荒谬。

问题 16：谁的孩子？

所谓的"新型生殖技术"如同滚雪球一样，引发了诸多道德问题，这也是其中之一。在世界各地，博学的医生和哲学家都因为此类问题头疼不已：正如他们所说，一个婴儿毕竟不只是份"圣诞礼物"。我们该如何在"拥有一个家庭的权利""未出生婴儿的权利"和匿名捐赠者应有的权利之间取得平衡？也许最关键的问题就是，我们应当判定，婴儿能够或者应该被商业化到什么程度，以及能否根据消费者的需求，流水线式定制婴儿。

问题17：潜在的问题

这些案例引发了多种问题，包括未出生婴儿的权利、父亲的权利，当然，也包括母亲的权利。如果我们认可在某些状况下选择堕胎的合法性，就必然会出现像第二个案例中，格林太太"改变主意"那样的情况。但我们仍然会对第一个案例中各方提出的理由有所疑虑。不过，坚定的功利主义者无论如何都会从幸福最大化的层面解释一切，他们可能还是认为，那样做是为了最大限度地获得幸福。如果格林太太觉得和格林先生在一起并不快乐，那么她最好还是按照计划生下孩子，和格林先生离婚，再带着孩子和新伴侣一起迎接幸福生活。

这只是其中一例，其实相关问题的症结基本都在于，婴儿什么时候不再是婴儿。如果胚胎等同于一个人，那我们就会认为它享有权利，不能像对待"超市里的豆子罐头"那样对待它。1978年，英国的布朗夫妇（故事中的格林夫妇和他们没有关联!)拥有了世界上首个试管宝宝露易丝,从那时起,关于胚胎"权利"的问题就变得尤为尖锐。这种看似人畜无害的技术迅速扩散开来,甚至成为常规操作,也引发了一系列相当棘手的伦理问题。"试管婴儿技术"满足了许多"正常"家庭的愿望,但有些申请者的身份确实值得商榷。领养老金的人可以吗?同性伴侣(或个人)呢?单纯不想和男人生孩子的异性恋女性呢?这些群体中的部分人已经借助新的生殖技术生育了孩子。事实上,就连已经死去的人都能再有后代,可能是他们提供的配子在超过官方"使用"期限之后仍被冷冻保存着,在意外发生之后被再次"激活"。随着克隆实验的进行(比如1990年代中期,看起来很温顺的多莉羊),动物也惊人地被纳入了考量。也有科学家试图用动物来充当代孕母亲,若是成功了,男性无须寻找女性伴侣就能生育后代,就像现在的女性可以独自生育孩子一样。

联合国雄心勃勃的"人类基因组计划"对人体中涉及创造生命的所有细胞的完整生物性(DNA)蓝图进行了分类,希望科学家以此创造出"改良版"婴儿。目前来说,对人类身体各方面的控制(起码)尚且还在科学范畴之内,像阿道司·赫胥黎笔下的《美丽新世界》那样,将人分为阿尔法(精心创造出的婴儿)、贝塔(普通婴儿)和伽马(设计出错的婴儿?)的世界,在不远的将来可能就会成为现实。

问题18—19：被医生绑架的病人

这个故事与"女性的选择权"有关，凸显了反堕胎人士坚决反对孕妇终止妊娠的主张。另外一些人则认为，"女性拥有选择权"。如果不是为了未出生的孩子，而是为了保住隔壁病人的命，就让女性放弃对自己身体的控制权长达9个月，这不是任何人都能接受得了的。

这本身是一个很有趣的哲学问题，但它更是一个真正的医学问题。同样地，我们经常会遇到是否需要征得同意的问题，尤其是当涉及他人生命时，病人的意见就有可能不被理会。比如说，耶和华见证会的成员拒绝输血，但假如输血问题事关一个孩子的生命，在此类诉讼中，就曾有过法官支持医生，驳回母亲请求的先例。这并没有引起太大的争议，因为医生违背病人意愿的做法并没有造成对病人身体的侵犯。也可以说，这是为了保护其他人的利益，这些人自己不能表示同意或拒绝。

从哲学层面来看，就算病人和这篇故事里的切斯特纳特小姐一样改变了主意，也无关紧要。因为这个决定最初就是为了保证另一个人的利益，而不是因为她没有认识到——在专家们眼中——怎样才能实现利益的最大化。

（这些案例基本都来自美国现代哲学家朱迪斯·贾维斯·汤姆逊的著作。）

问题20：乌龟

当然，乌龟一点也没做错。只是它自己愿意受那人的摆布。这个"公正"的人想喝龟汤，却不想承担杀乌龟的道德责任。如果乌龟在勉强爬竹竿的过程中掉进了锅里，他就可以说这是乌龟自己的选择。如果乌龟拒绝爬竹竿，他就可以随手把乌龟推进锅里，然后说这只乌龟宁愿去死，也不愿意完成简单的任务来保住自己的性命。

那么，这篇故事的寓意何在？也许就是最好不要向独裁者屈服，不要试图取悦他们，希望他们能够或多或少地尊重"规则"。当然，这也许并不能让这只乌龟坚持自己的原则，但起码那个"公正"的人能够知道，他根本就没有原则。

（该传统故事源自南宋时期岳珂所著的《桯史》。）

问题21：惊人的好运气还是真实的谬误

关于扔硬币的结果，其实正面和背面的可能性比我们想象中还要相近。扔20次硬币，（过程中）连续4次背面朝上和连续4次正面朝上都不太可能。两种结果出现的概率完全相等。然而，我们似乎总是不由自主地认为，自己发现了自然存在的某种模式，即便那根本是子虚乌有。这是人类在宇宙中寻求意义和目标的一部分，可能恰好反映了虚无中的能量和随机性。

没错，没错，可那要扔出4次背面！似乎很有意义……即便事实并非如此。如果你能让别人加入这个赌，"长远看来"，你应该能借此获得一笔可观的收益。事实上，从短期或中期来看，这也是稳赚不赔的生意。当然，别人也能轻而易举地计算出自己的赔率，并发现这件事。呃……好吧，可能不是所有人都能识破。

正如乔治·卡林所说，"想想看，普通人多愚蠢；我现在才意识到,有一半的人还要更愚蠢"。请注意,这取决于乔治对"平均水平"的定义。在数学家眼中,"平均水平"可能是"中位数",可能是"平均值",也可能是众数。[1] 所以,乔治自己也不是什么聪明人!

再讲讲概率

汤姆·斯托帕德讲过罗森克兰茨和吉尔顿斯特恩的硬币之争——连续扔90次都是正面朝上(戏剧《罗森克兰茨和吉尔顿斯特恩已死》,1996)。这似乎是不可能发生的事,但我们不妨假设一下,吉尔顿斯特恩像路易那样,频繁改变自己的持方——却总是输。这是不是就没那么"不可置信"了?(这种心理偏见也被称为"赌徒谬误"。)

有差别吗?嗯,可能吧。举例来说,核反应堆很安全,除非发生一系列罕见情况(别提福岛!),那么我们会将发生各种罕见情况——扳手掉落到反应堆活性区,报警系统失效,

---

[1] 一位7岁的数学天才补充说,"平均值"是能够代表一组数字的数字,可以是等比中项,也可以是等差中项;这通常就是人们所谓的"平均水平"。"中位数"是数列中央的数字,"众数"是数列中出现次数最多的数值或单项。以这组数字为例:4,5,5,5,8,12,86。"平均值"(把它们相加,再除以7)为17.857,中位数和众数都是5。如果用这些数字来代指"愚蠢程度"的话,乔治的"平均水平"偏差太大,根本表达不出他想表达的意思!

备用预警系统被关闭，工作人员睡着了，等等——的概率相乘（用分数衡量），得出一个非常非常小的数值，比如"十亿分之一"。但是和抛硬币不同，我们无法无限制地重复测试，直到统计概率趋于平衡。从某种意义上来说，十亿分之一可能的结果和其他十亿分之一可能的结果一样，都可能在下一秒成真！

如果你还不信，可以想想这件事的统计学概率：把一副洗好的牌分给4名惠斯特牌玩家（开局前确定某一花色为王牌，玩家需靠"诡计"取胜），每名玩家分到的最后一张牌都是同一花色。事实上，这几乎不可能发生：根据英国伦敦大学学院的霍勒斯·诺顿在1939年时的计算，这件事发生的概率大约只有1/2235197406895366368301600000。有多渺茫？换种说法，假如世界上的每一个人，也就是大约10亿人，每天兴致昂扬地玩100局，一天都不间断地玩100万年，这件事发生的概率也不过是1/100。然而，这样的事竟发生了不止一次。1998年1月，巴克尔瑟姆乡村惠斯特牌俱乐部的退休老人们开了一局，当其中一名玩家宣称自己拿到了13张王牌时，其他人都被逗乐了（64岁的黑兹尔·拉弗勒斯太太可是认真洗了牌的）。但随后，他们都惊呆了，因为其他玩家也各自拿到了相同花色的一组牌。当然，那张明手牌还被扣放在桌面上。

意思是，如果你住在核电站附近的话，可以考虑搬家了。

问题22：无穷大旅馆

虽然无穷大的概念不会严格限制你加一或乘以二，但广告标准委员会却驳回了扎克的申诉，认为哈里的无限客房列表比扎克的要长。也就是说，如果只看带浴室的房间（每12间里有1间带浴室），那么虽然这种房间也是无穷多，但显然不带浴室的房间比带浴室的房间要多。并且，每间房里都有洗脸盆、淋浴头和浴缸，即便不把浴室的水龙头计算在内，无穷大旅馆里的水龙头还是比房间多。

一位数学专家补充道：

> 许多人会下意识地认为（比如广告标准理事会），标有1a，1b，2a，2b，3a等房号的无穷大旅馆肯定比只标有1，2，3等房号的无穷大旅馆房间多。但是，19世纪的哲学家格奥尔格·康托尔（Georg Cantor）替扎克提出了申辩：假如扎克去哈里的旅馆，把所有房间重新编号，1a号房间改为1号

房间，1b号房间改为2号房间，2a号房间改为3号房间，等等，那么两间旅馆的房间数就又相同了！而且哈里的旅馆房间还要小一点。

格奥尔格·康托尔专门研究"无穷大"，到19世纪的最后几年，他证明了有几种无穷大。一些是"可数的"无穷大，即任何集合，比如无穷大旅馆中的房间或水龙头数量，这些可以用1、2、3等基数（自然数）来计数……还有"不可数的"无穷大，即不可数集合，比如一条直线上点的数量，或是数学家所谓的"实数"——1和2之间的实数就有无穷多个。这些"不可数的"集合可能会被认为比"可数的"集合更大。但是，不可数的集合有一些反直觉的奇怪特性。举例来说，如果有两条线，一条是另一条的两倍长，那么它们包含的点的数量仍然相同。再举个例子，如果你有两间无穷大旅馆，把两间旅馆的床加起来算，也跟一间旅馆的床数一样，就好像从来只有一间旅馆似的。因此，哈里的旅馆不仅比较小（房间比较小），而且真的很多余。

问题23：芝诺的空间悖论

　　古人久久未能就宇宙本身"在"何处的问题达成一致，芝诺的空间悖论则提供了另外一种思路。针对这个疑难问题，亚里士多德率先指出（并不正确，但符合他的"观察法"），"如今充斥着气体的空间原先含有水，所以显然，宇宙……在某种两者皆有的环境中"（《物理学》，208节）。或许，宇宙本身曾在海底。对后来的哲学家，如笛卡尔、莱布尼茨和康德等人来说，值得探究的是，空间究竟是独立于物质，还是必须要以空间中的物体来定义空间。虽然这些讨论都很有趣，但这并不算是"数字问题"，所以其实不该放在本章中叙述。太矛盾了！

问题24：庞加莱的问题

古希腊的几何学家们对科学的永恒真理和真理标准的确定性深信不疑。但一个三角形的内角度数之和是180°吗？平行线真的永不相交吗？只有当所在的空间是平的才是这样（在足球上画个直角三角形看看！）庞加莱对乔米特人和几何学家的解答是一样的：没有任何测量可以算是"真正的测量"——都只是约定俗成的惯例而已。

法国哲学家兼数学家朱勒-亨利·庞加莱（Jules-Henri Poincaré）对这个故事作出了解释："运动的物体在接近球体边沿时会变得越来越小。首先，尽管从几何学的层面来看，这个世界是有限的，但对于这个世界中的居民来说，这个世界就是无限大的。"亨利的观点很简单。虽然参考我们的经验，不太可能真的发生，但故事里并没有任何不符合逻辑的地方。这个故事表明，几何学的真理假设，即宇宙的法则，并非不容置疑。气态人说他们的星球无限大，是因为他们无法跨出其星球一步,所以对他们来说这就是真理。然而,任意一位路过的太空旅行者都知道,他们只是活在自己的幻想中。

(要想获得更多相关信息,请参阅:《维特根斯坦的甲虫及其他经典思维实验》[*Wittgenstein's Beetle and Other Classic Thought Experiments*],马丁·科恩,布莱克维尔出版社,2005年。其中还附带了一张天梯的图片!)

问题25：神秘的三角形

我们可以——确实该这么做——在方格纸上分毫不差地描出这个神秘的三角形（为了方便计算面积）。但那神秘的缺口……

这两个图形都是由同样的4个小图形拼成的，下面的图形却比上面的图形多出了1格。这个缺口打破了"数量守恒"的基本概念，也破坏了整体观感。它究竟从何而来？这其中有什么"把戏"？！

揭秘

这一明显悖论的根源在于，组成的大"三角形"其实根本就不是三角形，只是看起来像。因为它们的"斜边"并不是一条直线，上方图形的斜边稍稍向内部弯曲，下方图形的斜边则稍稍向外弯曲。

真正的揭秘

三角形的尺寸和斜率都不是什么随机的数值。三个"真正的"小三角形的比例分别为5∶2,8∶3和13∶5,这三组数字在自然界中普遍存在,因19世纪完成推导及定义的数学家兼哲学家而得名为"斐波那契数列"。

我个人不是很喜欢耍小把戏——你沮丧地盯着看,想弄明白"是怎么回事",最后不得不"放弃",追问:"好吧,这是怎么回事?"对我来说,数学就是这样的把戏。

在本例中,我数了无数次小方块,还是弄不明白为什么会有个"缺口"。这个问题妙就妙在让人想不出"这是怎么回事"——反映了我们直觉的局限性。换种说法可能更直白——当我们找不到解决问题的方法时,可能是因为我们的思维被局限在了"盒子里"。也就是说,我们甚至都没有意识到,自己可能需要改变思路,而是反复徒劳地纠结于问题的某一方面,反复"重新拼凑"。

与三角形相关的错觉表明,我们可能会太相信自己的假设,以至对质疑其正确性的证据视而不见。我们花了太多时间琢磨细节,却从未对提出的假设有所怀疑。正因如此,尽管科学家的大部分精力都用在了钻研机制上,真正能够改变我们对世界的理论解释(比如托马斯·库恩的"范式法则")的科学进程却时断时续。一切都在三角形的那个缺口里!

问题26：蕨类植物

这或许是条线索，因为这幅图像的由来的确很神秘，似乎也"栩栩如生"。这些小点构成了引人注目，甚至算得上美丽的图像，会收缩、生长、分离，最终全部消亡——和培养皿里的众多微生物一样。

问题27：假货和赝品

很显然，这幅画本身并没有发生变化——但我们必须承认，艺术家在画这幅画的时候，并不只是在临摹，而是"抱持着更高尚的意图"。从绝对意义上来说，许多名画都并非"原创"——艺术家可能模仿了某种风格，或者进行过多次类似的研摩。在这个可以利用高科技实现复制的时代，复制品和真品之间的区别已经越来越不明显了。

关于"美学"——定义美与艺术的哲学分支（源自希腊语，表示与"感官"有关）——经常被提及的问题是，美是客观的吗？如果美是客观的，我们就该学着去欣赏美；如果美是主观的，情绪化的，那么每个人都可以有自己对美的理解。前一类人认为，"美就在那儿"。柏拉图就曾在《斐多篇》（*Phaedo*）中借苏格拉底之口说出："美丽之物是因为美才美。"与之相对的后一类人则认为，审美是绝对主观的，只有普遍的意见才算是权威。俄罗斯艺术家维塔利·科马尔（Vitaly

Komar)和亚历山大·梅拉米德(Alexander Melamid)针对此问题提供了明确的视角。1996年,他们调查了多国民众的一系列艺术偏好,根据调查结果制作出了"完美的"图画,作为对所谓"高雅"和"通俗"艺术概念的挑战。比如说,根据美国民众的喜好,他们作的画上就有一对(穿着衣服的)夫妇在风景秀丽的湖畔悠闲地散步,远处还有一对嬉戏玩耍的小鹿。

关于美的现实,有一种观点认为,有用的事物比没用或略显多余的事物更美。因此,一个身体健康的人要比一个面色苍白、虚弱不堪的人美,一幢四四方方的钢筋混凝土大楼也要比一间装饰华丽的中世纪教堂美,因为教堂的尖塔、滴水嘴兽和巨大的窗户都没有用处。20世纪早期德国的包豪斯艺术运动就大致如此,该运动十分崇尚功能性,甚至出现了一些"野兽派"的作品,比如令人不适的扶手椅等。

古希腊人非常重视"美",以至当时的统治阶级都把研究美列为必修科目。受此影响,直到今天,"艺术""戏剧"和"音乐"在许多学校里仍备受重视。但是,现代艺术、音乐和戏剧活动已经逐渐发展到不再追求"美"的地步了。艺术家用令人作呕的物体进行创作,以求达到"震撼和挑战"的效果;音乐家制作出来的声音成为街头暴力的推手和伴奏;而最流行的戏剧形式就是争论不休、充满狗血的"肥皂剧"。人们这么喜欢这些丑陋的东西，要么是因为他们觉得这些东西"美"，要么就是正如柏拉图所担心的那样，他们的精神可能已经受到破坏，堕落腐化了。

另一件赝品

对专家来说，假货和赝品的区别其实就在于其质量。就拿1941年法国著名印象派画家亨利·马蒂斯（Henri Matisse）创作的《年轻女孩的头像》草图，和那幅用完全相同的墨水在完全相同的纸上绘制的著名赝品为例吧。

首先，请在不知道孰真孰假的情况下，看看你觉得哪幅画比较好。

乍一看，这两幅画颇为相似，但只要仔细看看就不难发现，其中一幅浮于表面，缺乏深度，另一幅则充斥着清新感，活力十足，它不仅是一张简单的草图，还散发着独特的个性。用一位艺术专家的话来说："仿制手段太过低劣，完全是依葫芦画瓢。在我看来，显然就是刻意想要骗过别人的眼睛。它复制了原作的线条走向，却不够坚定，也缺乏了韵味，没有模仿到原作的轻柔笔触。"

我深感赞同，忍不住想附和："一点儿没错！右边那幅就是垃圾，'精神'全无。它就是件粗劣的假货。如果我（不

亨利·马蒂斯,《年轻女孩的头像》

© Succession H. Matisse/Archives Michel Maket.

知情地）买下了它,肯定会像斯诺迪勋爵那样,把它塞进阁楼里。"

我们的艺术专家接着说道:"你现在称赞的这幅是赝品。右边那幅才是原作。"

"啊,对对对!没错!我说嘛,我又仔细看了看,这幅风格明确,韵味十足……? 另一幅嘛——呸!"

问题28：弗拉什·巴格曼

关于"版权"的这类问题迫待解决，不过，对大多数人来说，只有在想从互联网上下载音乐、"冒牌"毛衣脱线，或新买的"瑞士表"走时不准的时候，他们才会关心"版权"的问题。不过，世界各地的政治家（不只是学生）时常会得到这样那样的教训（例如，2012年时，德国部长博士论文抄袭的丑闻被爆出，后引咎辞职），事实证明，"这到底是谁的创意？"确实是个关键问题。但在这篇相对简单的故事之中，谁才是"最佳主角"？就像在歌剧中那样，最佳主角只能有一个人，应该是整场表演中最亮眼的那一位。这里当然是巴格曼。毕竟，在那之前，多宾只是想和午餐时间恰好碰到的人分享自己的"好奇问题"罢了。

问题29—30：买邮票和土豆的相关问题

物品的价值通常被分为人为设定的"硬性"经济价值或货币价值，以及相对容易变动且不稳定的道德（或判断上的）价值。说是人为设定的，是因为经济价值隐含了道德和美学判断。尽管如此，仍然会存在这样一种错觉，比如土豆的价格相当稳定，邮票的价格则会因为流行趋势上下浮动；如果是更重要的存在，比如一只黑猩猩，甚至是一个人，其价值的确定就会更复杂，更困难！

问题31：标准的问题

先前就发生过与此类似的谈话：1959年，那场针对《查泰莱夫人的情人》(*Lady Chatterley's Lover*)的著名审判——很大程度上是因为当时的律师是个美国人，曾多次为所谓的"流氓（书）"赢下诉讼。1960年，在老贝利中央刑事法院，律师莫文·格里菲斯-琼斯面对着陪审团，这样说道：

> 从最自由的角度去检验一本书的其中一种方法就是，在通读完它之后，问问自己："你会让尚未成年的儿女——因为女孩拥有和男孩相当的阅读能力——看这本书吗？"你会把这本书大大方方地放在家里吗？你会想让你的妻子甚至仆人看这本书吗？

那段时间是反色情运动的低潮期，诉讼案败，D.H.劳伦斯依然被奉为象征着艺术创作自由的棋手。事实上，公众只是刻意忽视了它的淫秽属性，时隔半个世纪，它依然是一部令人尊敬的文学名作。不过，1993年时，下议院颁布的一项独立法案倒是在所谓"暴力录像片"（包括《电钻杀手》[*Driller Killer*]、《我唾弃你的坟墓》[*I Spit on Your Grave*]等）的新浪潮初现之时，成功地作出了"反击"。相关部长（大卫·梅勒）强烈支持该法案，并表示："如果没有要把暴力录像片驱逐出市场的打算，那么对残忍的性犯罪、虐待儿童或粗暴对待老年人的不满情绪，都没有任何根据。"英国道德的可靠守护者《每日邮报》（*Daily Mail*）欢呼道，这项法案的实施，标志着"负责任的审查制度的回归"，实乃民心所向。

最暴力血腥的六部影片：20世纪70年代暴力影片的兴起

《纳粹女魔头之残酷疯淫所》（*ILSA: SHE-WOLF OF THE SS*，1974）

这部低俗影片的制作人"血宴推手"大卫·弗里德曼深感不安，他把自己的名字划去，以阉割、折磨、处决和时有呈现的软色情为卖点（未按词条的受欢迎程度排序），推出了这部影片。

道德评级：接近纳粹。

《德州电锯杀人狂》(*THE TEXAS CHAINSAW MASSACRE*,1974)

在英国上映两次均被禁,直到1999年,限制标准放宽之后,这部凭借着一把电锯深入人心的法式血宴影片才终于得以在英国正式播出。

道德评级:滋滋滋……(电锯声)

《虐杀纪实》(*SNUFF*,1976)

摄于阿根廷,跨度长达十年的失踪案与屠杀,豪取3万美元总票房,宣传是只有在南美洲才拍得出的影片,"那里的人命不值钱!"影片表面上是在表达对疯狂杀手的嬉皮士狂热,但呈现的是剧组的一位工作人员被杀的"真实"录像,又开创了一种新的形式。(不太可能为了拍摄影片真的去杀人——但这样的构思很有卖点!)

道德评级:零。

《电钻杀手》(*DRILLER KILLER*,1979)

阿贝尔·费拉拉不仅是这部影片的导演,还亲自扮演了其中的主角:一位不堪重负陷入疯狂的艺术家。(不然还能找谁演呢?)影片宣称会保留"血流成河""电钻来回穿透血肉"的画面,但不知怎的,最后呈现出来的却是缺乏真实感的

"艺术影片"。

道德评级：设定错误。

《我唾弃你的坟墓》(*I SPIT ON YOUR GRAVE*，1978)

天知道巴斯特·基顿[1]看到这样的"黑色幽默"时会作出怎样的反应（主角是他的侄女卡米尔），不过，这部影片的特色就是在一长段强奸镜头之后的角色互换，刚开始时作为受害者的女主角（全身赤裸着，流畅自然地）"肢解、焚烧"了恶徒。

道德评级：轻幽默。

《死亡面孔》(*FACES OF DEATH*，1978)

该系列影片共有五部，从一个意大利病理学家的视角，展示了各种解剖、处决、事故的场面（意大利也是文艺复兴艺术的中心，在产出暴力影片这方面仅次于美国），觉得晚间新闻不够刺激的人完全可以从中获得满足感。

道德评级：打住，够了。

---

1 译注：美国默片时代演员及导演，以"冷面笑匠"著称。

问题32：剥削性图片

人们对教堂中艺术品赤裸程度的接受能力一直处于波动状态（相比于教区居民，更关注教堂的装饰情况）。米开朗基罗站在艺术的角度力争，人体是神圣的，本就无须遮掩，在天堂这样圣洁的地方就更加不必。但事实上，他创作的雕像和壁画上都盖着"遮羞布"。如今的女权主义者及其他一些群体都在抵制刻画女性形象时带有性暗示意味——或直接展示女性裸体——的那些经典艺术作品，要求诸如大学或图书馆之类的场所停止公开展示。不过，至于所谓"剥削性"或"贬低性"的标准，还尚未达成一致；至于暴露限度，有几乎绝对禁止女性暴露身体的一些伊斯兰国家，也有立法许可女性暴露身体的一些司法管辖区。此外，就电影审查来说，性行为和"犯罪与暴力"旗鼓相当，而常常因为"真实"而非"虚假"声名狼藉。1999年上映的《罗曼史》(*Romance*)和

2000年上映的法国限制级影片《强暴我》(*Baise Moi*)对此倾向提出了挑战,也使得审查员们心生困惑,究竟要以什么理由封禁这两部影片:"缺乏美感""太过真实"的性爱场面?还是无甚特别,却贯穿了整部影片的"虚假"暴力行为?(《强暴我》讲述了两名女性在惨遭强奸之后,开始寻求性满足、残忍虐待他人的故事。)

联合起来高呼此类画面是"针对女性的暴力"似乎为管理者提供了一个出手干预的直接理由,但莫里斯所面临的问题是,难以确定色情画面的判定标准——立法者在被高度自由化的市场需求拖着走。

尤其是在同性色情行业快速发展、存在感逐渐增强的大环境下,女性被视为"性对象",男性被视为"偷窥狂"的既定印象(正如《海妖梅露辛》所体现的那样)正在逐渐淡化。同样地,对女性社会形象的弱化成为"保护"她们免遭"暴力"对待的利器,有些女权主义者认为,针对女性的审查标准太过保守且带有压迫性,应该予以谴责。毕竟,如果反对暴露裸体,就应当男女一视同仁,对写实图片和"暗示性"姿势也应当一视同仁。

无害还是有害?《海妖梅露辛》——1491年,比利时出版商为让·达拉斯的《美丽的梅露辛》译本配的木版画,纽约公共图书馆馆内阅览区。

在柏拉图的《会饮篇》中,女哲学家狄奥提玛罕见地给苏格拉底上了一课——苏格拉底也就当了一次"直男"。狄奥提玛表示,人对美的迷恋,尤其是对裸体的迷恋,是与生俱来的,但也只处于一种相对原始的阶段。她甚至认为,看见一副美的躯体和想跟这副躯体做爱之间存在着一种天生的联系——是某种想让美永存的潜意识愿望。也就是说,性吸引和美必然有所关联。

她告诉苏格拉底,睿智的哲学家即便会"爱上某个特定躯体的美",随后也一定会发现,最初吸引着他们爱上那人的美的特质,也会引导着他们爱上另一个人——爱人所拥有的美,不过是更丰富、更持久的美的一部分。苏格拉底把她的话深深记在了心里。确实(狄奥提玛让"丑名远扬"的苏格拉底看到了一线希望),在哲学家眼中,相比于灵魂之美,人类肉体的美完全不值一提。"所以,只要遇到了美的灵魂,即便那副躯壳不甚可爱,他也能发现那份美,爱上那个人。"不仅如此:哲学家还发现了法律、制度和手工艺品所蕴含的美,"在辽阔的美学原野中四下眺望",跳脱出了对某一个爱人或某一类人"个人魅力的卑微执念"。哲学家们把目光转向了"无边无际的美学海域",发现了包裹着"善的知识"的"哲学宝库"。(如果这是个自然的过程,哲学家兼守护者肯定不会怪罪那些处于审美早期阶段的人吧?)

问题33：沼泽怪物

因此，戴维森教授及其伙伴认为，"沼泽人"的"言语"并不指向特定的事情，而只是一种程序化的反应，就像设置好的闹钟会响一样。就连（按照恐怖电影的风格）"呃啊啊啊，我，沼泽人！"这样的"话"，其实也并没有特别的意义。"沼泽人"对妻子说"亲爱的，我今天在沼泽里遇到了件怪事"的时候，毫无真情实感，因为它"其实"从未见过这个女人，只是程序化地把她视为自己的妻子。戴维森还说，因为沼泽人没有过去，所以它根本就不能算是个真实的人！

这项著名的思想实验几乎挑不出漏洞，因为其设定根本无法取信于人，且人们一直认为，无论是闪电还是什么，都不可能（甚至没有可怀疑的空间）复现控制大脑思维和记忆的电流活动。这一切似乎都只是为了让一个无比普通的哲学问题站得住脚，而我们完全可以选择一个简单得多的例子。比如，假设有个人的记忆出了问题，以为自己记得些根本不符合常理的事情，诸如此类。

戴维森的弹珠

"沼泽人"思想实验大获成功，受此鼓舞，唐纳德·戴维森又提出了自己的另一个想法。这一回，他明智地省略了那些花里胡哨的噱头。假设在前一天的某个时刻，他看到架子上有一颗玻璃弹珠。再假设，有人（可能是请来的清洁工）在他不知情的情况下，把那颗弹珠换成了另一颗"外观完全相同"的弹珠。于是又出现了一种悖论。毫无疑问，他看到另一颗弹珠后的"内在状态"丝毫没有发生变化——但前后两颗弹珠还是有区别的！

戴维森表示，问题在于他所说的"弹珠"可以指向两个不同的弹珠。也就是说，我们没有任何依据可以判定，他在提到这个词的时候秉持着怎样的意图或想法。论证完成！

问题34：超绝体验机

在哲学界，超绝体验机也被叫作"罗伯特·诺齐克（美国现代哲学家）体验机"，它也是科幻小说中的一种经典设定。据我所知，早在1929年10月的《惊异传奇》(*Amazing Stories*)上，就刊登了一篇名为《生命之屋》(*The Chamber of Life*)的短篇小说。和其他异想天开的东西不同，虽然如今并不存在这样的机器，但谁也不确定，在不久的将来，会不会出现这样的机器。用某些药物的效果及其使用者的态度作为类比，也完全说得通。

就罗伯特·诺齐克的机器而言，制造者声称，无论假象能给人带来多大的快乐，大多数人还是不愿意抛弃现实的。因此，哲学家们乐观地表示，这说明，对人们来说，"真实"比快乐更重要。

问题35—37：偏袒之力、对抗公正和利己主义

可能大多数人都认为，放水让学生通过考试的老师比故意压分让学生不及格的老师略好一点。（当然，要是付出过努力的人都能通过的话，这一纸成绩单就没那么有说服力了。起码也要看看付出了多少努力嘛！）长久以来，哲学家们竭力想要颠覆人类的这种倾向，因为它太欠缺理性。对于哲学家来说，非理性的信念就相当于罪恶。

数千年来，宗教都是他们的首要攻击目标——从其定义上来说，宗教就是非理性的。在许多哲学家眼中，根本不存在好的宗教信仰。牛津大学公众理解科学教授（在任）理查德·道金斯说，"信仰是一种罪恶，因为它未经辩证，也无任何论据支撑"。但某些特殊情况下的偏袒或"信念"呢？比如说，在所有人都觉得应该放弃的时候，孩子依然坚持寻找跑丢的狗狗，最终发现它是因为被铁丝网勾住了腿无法脱身；

又比如说，一位母亲坚信自己的孩子能大有所成（当电影明星？再不济也得是个火车司机），即便在他们进入青春期之后，这份期许已经慢慢走向了幻灭。这些非理性的信念没有证据的支撑，但就能说，它们是罪恶的吗？

"信仰"和偏袒的问题都在于，可能成为做坏事的诱导剂（所以大家才会觉得，迈克的偏见更不可取）。非理性的行为本身并非罪恶，恶念之下的非理性行为才是罪恶。科学家们则都是"理性"作恶的老手。

非理性的思想

为理性摇旗呐喊的大有人在，愿意为非理性辩护的人则屈指可数。然而，我们之中的大多数人在面对重要问题时，往往都会把理性抛在脑后，在遇到哲学辩论这种不重要的问题时，却总舞着"理性"的旗帜。

比如说，相比于嬉皮士们所推崇的"替代疗法"[1]，人们更加信赖由大型制药公司生产的正规药剂。但是，正如丹·欣德在其著作《理性的威胁》(*The Threat to Reason*, 2007)中

---

1 译注：包括了冥想疗法、催眠疗法、顺势疗法、按摩疗法、香味疗法、维生素疗法等。

所说，在1967年至1998年这30年间（只看世界卫生组织公布的数据），全球共发生了将近6000起因使用草药或其他替代药剂而导致的"不良事件"。作为对比，仅在美国，每年就有超10万人因使用官方核准使用的药物而死于其副作用。人们当然"对传统医学更有信心"啦！

问题38：心灵之眼

事实上，我不记得自己做过的其他很多事情。此外，与约翰·洛克同时代的托马斯·里德不久后就指出，他有时会忘记自己正在做的事情，但这会让他成为另一个人吗？当然不会，那就太荒唐了。还有一个"附带的"问题，人们如果是通过自己的记忆和自己做过的事来保持自我认知的连续，但有些时候记忆也会出错呀。想成为冲浪者的人可能会"记得"自己乘着夏天最澎湃的巨浪抵达海滩的光辉时刻——但事实上（在吃完一顿丰盛的午餐和好几杯冰淇淋圣代之后），他们只能顺着涌向海峡的碎浪，勉强站直几秒钟。

或许这样说会好一点：正如大卫·休谟所言，"与其说记忆'产生'了个人同一性，不如说是记忆'发现'了个人同一性"。不过，美中不足的是，这样的说法并没有对真正的问题做出解答。

问题39：半脑问题

这显然行不通。一位严谨的哲学家补充说：

> 针对该问题的讨论为何如此简短？说到这，就有必要把德里克·帕菲特的部分观点，以及伯纳德·威廉姆斯的回应拎出来看看了。斯特劳森在其著作《个体》(*Individuals*, 1959) 中作出了定义，说"同一性"是"一种实体的概念，即归属于意识状态的谓词和归属于物质特征、物理环境等的谓词都同样适用于该单一类型的单个个体"。

我们还可以更进一步。大卫·休谟在面对各种关于"人格同一性"的问题时，都会作出这样的反应："我身处于何时何地？我是因何打造了自己的存在，又将在怎样的情况下回归？"

我脑子里一团乱，仿佛落入了最凄惨的境地，周遭没有丝毫光亮，且毫无反抗之力。

还好，理性无法驱散这些乌云，凭本性就完全可以做到。放松心态，借助一些兴趣爱好和生动的感官印象打消臆想，就能摆脱哲学愁思和混乱神志的侵扰。

该怎么做?!

我去吃饭，玩西洋双陆棋，和朋友们开心地聊天；三四个小时的休闲娱乐之后，这些臆测又回到了我的大脑里，那么冰冷、紧绷、可笑。我实在不愿意再做进一步的探究了。

问题40:唯一的约翰·金

好像是一场噩梦,在点燃火柴的瞬间,那个影影绰绰的"约翰·金"就消失了踪影,那里只剩下了蜷缩在椅子里痛苦呻吟着的灵媒,显然,他刚从深度恍惚状态中清醒过来。(一缓过来,灵媒就乘马车回家去了。)

不过,大家都认为,这一事件太过离奇,有必要找出个合理的解释。鉴于我们还不想就此抛弃所有可信的物理定律,那或许就只能是一场集体性的幻觉了?用心灵研究学会的话来说,如果无法触碰到约翰·金,感知不到他的心跳……那人类可以被创造或"显灵"的说法就太没可信度了。这样的结论似乎很无趣,但至少可以解释为什么那几个人会认为,约翰·金真的出现过,还和他们有过交流。又或者可以说,即便他从未真正出现在"我们的"世界里,他也可能确实存在于某个怪诞的、朦胧的平行世界里,需要借助神秘仪式和心理暗示,我们才能与那个世界产生交集……?

心灵感应术的悠久历史

古籍和人们口口相传的故事中经常会出现关于心灵感应术的内容。以澳大利亚的土著居民为例，传统部族的人都把心灵感应术视为人类的一种能力。在中世纪的很长一段时间里，托马斯·阿奎那（中世纪经院哲学的哲学家、神学家。他把理性引进神学，用"自然法则"来论证"君权神授"说，是自然神学最早的提倡者之一）等一众神学家都认为，交流从根本上说发生于心灵之间，直到伊甸园里的"偷食禁果"事件之后，我们才"沦落"到用身体交流。

19世纪，人们对科学的兴趣有所回升，英国化学家兼物理学家威廉·克鲁克斯提出，心灵感应术可能是通过类似于无线电的脑电波实现的。美国心理学家兼哲学家威廉·詹姆斯也对心灵感应术深信不疑，且盼望着能对此展开更多的研究。20世纪初，苏联科学家L.L.瓦西里斯又提出了一套全新的、更为成熟的电磁理论。

西格蒙德·弗洛伊德对此机制虽毫无兴趣，但因为总能观察到这一现象，所以觉得有必要在心理学专著中展开谈谈。他将其称为一种具有倒退性和原始性的能力，虽已在进化过程中逐渐丧失，但在特定情况下仍可能发挥一二。他的老对头卡尔·G.荣格则认为，该能力颇为重要。他将其视为一种具有同步性的功能，在奇异的"非因果性"机制下，各事件之间显然存在关联。

问题41：凯蒂显灵

如此勤恳严谨的研究者理应得到更认真的反馈！反正，英国博物学家阿尔弗雷德·拉塞尔·华莱士（1823—1913）就是这样认为的。华莱士是查尔斯·达尔文在物种起源研究上的主要合作者，也是支持"自然选择"理论的关键人物之一。

华莱士年轻时曾是一位坚定的科学唯物主义者。他在《奇迹和现代灵性主义》（*Miracles and Modern Spiritualism*）一书的序言中写道："我曾经对唯物主义坚信不疑，那时候，不管是灵性存在的概念，还是宇宙中所谓物质与力之外的作用，在我心里都毫无立锥之地。"让"适者生存"这看似冷漠的说法广为流传的也正是华莱士。不过，华莱士也调查研究了（和当时的许多人一样）一些在如今的人看来，科学家无须费心认真对待的事情。

起初，华莱士对心理现象萌生了好奇，从占卜杖的使用到催眠术和漂浮术，他展开了一系列研究，并很快就摸清了一些现象中的门道。他写道："在探索这些未知的知识领域时，我初次得到了一个深刻的教训：在有人秉持着绝对的理智与诚恳，多次观察到真相的前提下，绝对不要盲目听信所谓大人物的质疑，以及他们对欺骗或愚蠢的指责。"很快，他就把出神灵媒、无意识创作者和精神摄影师都纳入了自己的研究范围。

例如"格皮太太"，为了打消怀疑论者们的质疑，她请求幽灵从灵性世界里取些东西给她。格皮太太钟情于覆盖着细密寒露的奇异花束，它们就应声出现在了降神会的现场，可怜的华莱士根本解释不清其中的奥秘。另外一些灵媒似乎能准确地描述出他们从未亲身经历过的事件或是去过的地点，还能说明给自己留下深刻印象的关键点（这也可能是他们自己的臆想）。在描述的时候，他们的声线都非常诡异。一名男性灵媒可能会用小女孩的声音说："哇，这些花好漂亮呀！"或是一名女性灵媒可能会突然压低嗓音咆哮道："我是巴登城堡的最后一位伯爵，我还有最后一句话要说，否则的话，我就无法获得安宁！"

那些思想保守的科研同行们在背地里嘲笑、议论他，但这并没能阻止他的脚步。他回应说："我从不害怕受到反驳，无论在哪个时代，如果科研工作者依据先验的知识，就要推翻研究者得出的真相，他们一定是错的。"

当然，大部分所谓的"通灵者"其实明显都是骗子，相对来说，人们很容易就能拆穿他们的骗局。不过，也有些人侥幸成了漏网之鱼。在美国的圣路易斯市，一位原本非常理智的家庭主妇珀尔·科伦某天从一个朋友那里收到了一块占卜板（板上有一根可灵活移动的指针和一整张字母表），后来，凭借着这块占卜板，她写出了上百万字的作品，成为一位出名的作家。她的部分作品确实很不错，包含了丰富的历史细节，也得到了出版的机会（显然是隐瞒了它们奇异的来源）。珀尔"本人"对写作和历史都不感兴趣，她解释说，是一个名叫佩丽丝·华斯的幽灵和她讲述了几世纪前亲身经历的生活故事，从而赋予了她写作的灵感。

还有些女士意外获得了新的音乐技能。1964年（没错，又在这吉祥的一年），从前只是对钢琴演奏略有了解的罗斯玛丽·布朗突然写出了复杂的管弦乐曲谱，所用到的标记符号也丝毫未错。她说，这是李斯特、肖邦和贝多芬等早已逝世的作曲家在借她之手创作。音乐专家们一致认为，她写出的曲子确实和那些伟大音乐家的作品有相似之处，但奇怪的是（或许也没什么奇怪的，鉴于布朗太太才刚开始创作），相比于他们先前的作品，这些曲子明显都比较低质。

有魔力的电话

虽然现在似乎很难想象,但曾经,别说是移动电话了,就连通过电话座机和远方的人沟通这种事,也像心灵感应术的实验者们所声称的那种交流一样,根本令人难以置信。

当知名物理学家泰特教授通过电报上的摩斯密码(这也是一种令人震惊的奇特方式)听闻已经发明了电话的消息时,就有人询问他的看法。他回应说:"都是骗人的东西,因为从物理上来看,这根本就不可能实现。"

那人接着问道,可是有很多值得尊敬的人都说,他们确实通过这套新机器听到了几英里以外的谈话呀?泰特表示,那应该(像小孩子用细绳连接两个豆子罐头,再把细绳拉紧的传音游戏一样),"就是利用又长又直的电线,传导了人声吧"。事实上,即便是在开尔文勋爵正式向英国科学协会的科学家们演示过电话的具体使用方法之后,这位教授仍然坚持抵制该机器,他的观点还说服了相当一群人,在持续对这场"骗局"提出控诉。当爱迪生在巴黎展出新发明的"留声机"时,就有人指控这位美国发明家在展厅里的某个角落藏了位口技表演者,靠作弊才"明显地"发出了那些声音。

问题42—46：似是而非的图形之谜

无论哲学家说什么，我们都知道，现实世界就是真实的。我们可以触摸它，感受它，看见它。不过，正如这些图形所体现的那样，即便是这种可确信的常识，实际上也存在疑点。心理学家认为，我们体验到的其实与我们从感官上所获得的情景差别甚大。我们感知到的物体和事件，在空间和时间上相互分离。但我们的感觉却是连续不断的。言语就是这样。我们听到的是词句，但声波表明，词句之间的联系其实非常紧密，而词中往往存在间隔。

路德维希·维特根斯坦在《哲学研究》中举了一个简化版的例子，把下图这只鸭子的图案反过来看，就像是一只兔子。这引发了一个问题，即一个把它看成鸭子的人，和一个把它看成兔子的人，他们看到的难道不是同一个图案吗？

即使感官信息在不断地变化，我们也会创造一个稳定的世界。当我们在房间里四处走动时，物体本身也在运动并消失在我们的视野中——但我们的大脑会进行修正，给出稳定的印象。这就是必不可少的"填空"过程，也就是说，即使事物不存在，我们也能体验到它。举个简单的例子，问题35中的"三角形"就是如此。相反，我们也会对存在的事物视而不见，问题36中图形和背景的转换就是如此。还有个例子是个古老的哲学问题：当水看上去很烫的时候，"事实上"正处于极冷的状态。

心理学家其实做过一场类似的实验，叫作"康尼兹卡正方形"，可以算是第141页上"科恩正方形"的旧版本。在这场实验中，就连婴儿都能识别出"正方形的形状"。四个被剪掉四分之一的圆圈（像"吃豆人"一样）组成了一个方形，婴儿们一看到这个图形就会咯咯地笑。由此，哲学家似乎可以谨慎地宣布，婴儿有方形的概念。

问题42:"阴影"和"彩碟错觉"

这也被称为网格错觉——令人讨厌的灰色阴影出现在眼前!这是眼睛里的"视杆和视锥细胞受刺激"而引起的现象。我们看到的取决于它旁边是什么。

从http://www.routledge.com/ books/details/9780415635745上下载并打印出圆盘,把它剪出来,贴到一张硬纸板上,再在圆盘中央穿一个孔。[1]把一支削尖了的铅笔穿过这个孔,旋转圆盘,应该就能看到一些鲜艳明亮的色彩。我们所看到的颜色还与圆盘的转速有关。心理学家发现,如果让人们待在一个四壁都贴着不同深浅度的灰色墙纸,且仅用一个红色灯泡照明的房间里,他们所看到的墙壁就不只是灰色的,还会看见红色和绿色(连油漆都省了)。

---

1 其实,根据"用户反馈"可知,先前版本的圆盘根本产生不了这样的效果!后来,有人用更加科学的方式重新绘制了圆盘,转动新版本的圆盘,就可以根据闪动的黑白两色,在我们的脑海中呈现出彩色了。

后面这几个问题，虽然有点像是小孩子的把戏，但仍然可以说明，我们对"现实"的理解存在缺漏。这比把康德、黑格尔和海德格尔的全部著作合在一起，中间插一支铅笔旋转更有说服力。

但是对于哲学家们来说，关于颜色，至少有两个相当棘手的问题。（更糟糕的是，尽管约翰·洛克等人试图把颜色列为不可靠认知的特例，也无法改变这一事实，即所有关于颜色的真相同样适用于其他感官印象。）其一是，这个圆盘是不是真的"在那里"，或者只是"在这里"？是在观看者的大脑之中，还是电磁振动的结果？无论如何，真实的和想象出来的颜色感觉到底有什么区别？灰色阴影和圆盘上的彩色是真实的还是想象出来的？那些把绿色看成红色的色盲者，以及几乎看不出颜色的动物，又是怎么一回事？

问题43：立方体和三角形

眼睛更喜欢第二个立方体。事实上，我们很难看出第一个是立方体，因为视觉感知需依赖于规则和线索。至于三角形，线索就在那里，但其实并没有三角形。

问题44：图形与背景的转换

这是个穿着一身白的女士——还是两个戴着羽毛围巾的舞女（不完整）？

这是个著名的花瓶/侧影的例子，就像丹麦心理学家埃德加·鲁宾的图画一样，既可以看作两个头像，也可以看作一个花瓶。不过，是个形状比较奇特的花瓶。

心理学家认为，你所看见的东西反映出你的思维方式。确实如此。有些时候，视觉"线索"是相互矛盾的，对它们的解释方式也可能会让人陷入困惑。如果图形很容易在不同的形式之间转变的话，大脑是不会喜欢的。

问题45：假腿

是裤缝的误导作用，让人以为埃尔维斯有第三条腿。他拿了两个魔术道具，一个是根本不可能出现的三角形物体，另一个是有点儿不真实的魔术棒。

这幅图呈现了最高的艺术表现形式之一——漫画。之所以说是最高的表现形式，是因为漫画艺术能够用最少的笔触和最丰富的隐含意义来传递一种真实感。只需要寥寥几笔，几根弯曲的线条，就可以实现充分的表达。总之，这幅图主要体现的是视觉上的"第三条腿"。埃尔维斯似乎被悬挂在了空中（通过顶端的几根垂直线条呈现），这同样是一种错觉。同时还有一种动感，显得整个形象很有活力。

赫奇那部著名的《丁丁历险记》将漫画的简单与纯粹表现得淋漓尽致。在那部漫画里，小记者和他的白狗都是最高形式的表现。这些漫画如今已经具有了独特的艺术形式。而作为艺术，赫奇又反过来借鉴了中国艺术家"清晰线条"的概念。在所有与"清晰线条"有关的艺术形式中,最清楚,且最精确的当属剪纸艺术。剪纸的表现形式繁复非常,很少有人能领会,且这种艺术的表现形式也因所选择的创作素材而受到了相当的限制。

剪纸

中国美术学院的郑巨欣讲述了一位传统剪纸艺术家的故事,他住在一间破旧的泥墙小屋里,生活非常简朴,屋内的墙面上糊满了旧报纸(这是防止墙皮剥落的一种老窍门)。但这间小屋和周边的其他房屋有两点不同。其一,它保留了古早的木窗户,而其他住户都换成了金属或塑料窗;其二,小窗格用的还是薄纸而非玻璃。古早式窗户很契合艺术家创作的氛围,因为剪纸本身就组成了窗格,让窗户像彩色玻璃窗一样华丽。在阳光的映照下,一整套京剧中贵族、士兵和狡诈官员的形象栩栩如生,将小屋变成了色彩斑斓的万花筒。

在这间小屋里,老人剪着纸,哼着歌,无比满足,无比投入,剪刀肆意舞动,各式各样的人物就此诞生。正如郑巨欣在《喜时剪花花:品味剪纸》(*Papercuts: The Art and Life*)[1]

---

[1] 浙江人民美术出版社,2002年,仅以中文出版。

中所说，老人与他的艺术是一体的。因为"艺术创作需要灵感，而灵感就是一种着迷的疯狂"。总而言之，正如郑巨欣所言，艺术家很难能达到这种灵感的境界。但不知怎的，只要踏进剪纸的世界，这位年迈的剪纸艺术家就能进入那种疯狂的状态。他所需要的仅仅就是一张纸和一把剪刀，就能跨越现实世界的种种限制和困难。

问题46：绕圈的纸带

　　现在看起来，它似乎只有一个面。然而，如果你从中间沿着边线把纸圈剪成两部分，就可以把一半涂成绿色，另一半涂成黑色。它就比原来大了一倍！[1]这样的纸带也被称为"莫比乌斯带"，可以用来解释宇宙最基本的拓扑现象——左手性和右手性。比如，在纸带上画一只左手和一只右手，试着让它们相互重叠——把纸圈剪开，就可以做到。

---

1 我试过之后发现，其实并没有用。虽然是原来的两倍，但并没有像预期那样拆解开，而是成了两个套着的纸圈。读者可能得去问问专业人士。（或者，问问中学老师？）

问题47—58：无人在意的12个传统哲学问题

在"无人在意的12个传统哲学问题"中，问题47和48谈论的是从一般意义上来说不存在的事物"特性"。（研究文学的人可能会感兴趣。）如果某个事物实际上并不存在，那么它还具有特性吗？糖果大陆的树篱上真的会长出糖果吗？会！但这只是我的憧憬，而非逻辑推理吧？比如，有些人曾争论说，独角兽有一只角，这其实就表示，如果独角兽真的存在，那么它就只有一只角。如果（现在）有法国国王，那他就应该是秃顶的。

想知道完整的故事吗？

问题47：独角兽的角

19世纪的心理学家亚历克西斯·冯·迈农（1853—1920）区分出了两种类型的事物：一是存在过或确实存在的事物，像是苹果或他自己；二是不存在的事物，比如独角兽或现在的法国国王，也包括糖果大陆。（暂不考虑未来可能存在的事物，见问题10。）更复杂的是，他还区分了这两种类型事物之间的联系，比如红色和绿色之间的关系（真有先见之明）。迈农认为，这种联系足够"真实"，但依然"不存在"。数字也是真实的，但同样不存在。还有"事实性"的问题，当某人说了些符合事实的话时，我们就可以说他的话是"真的"。在解决独角兽的问题之前，我们必须先确定所考虑的是哪一类型的事实。

当然，这一切对辩论来说都没有多大用处——但它确实为哲学家们引入了一些需要费心思索的新术语。迈农自己也纠结了一番，最后得意地表示：真实纯粹是人的创造，事实才是永恒的。

问题48：法国国王的脑袋

透露一下，这个问题的重点在于，好些时日之前，上一任法国国王就被砍了头，所以现在的法国已经没有国王了。因此，对一些哲学家（比如知名度较高的亚历克西斯·冯·迈农和埃德蒙德·G.胡塞尔［1859—1938］）而言，现在的法国国王不属于"存在王国"，也不适用于正常的定律。他可以同时秃顶而不秃顶！总之，这是这个角色的额外福利。一如既往地，伯特兰·罗素对此非常惊讶，并立即着手创造一套逻辑体系，来解决不存在的国王、独角兽等问题。他得出的"摹状词理论"表明，这些句子中"指称"的不是常规的事物，即语法中所称的"主语"（像是路易十四或河马），而仅仅是和逻辑关系有关的描述。如下：

如果有法国国王，那么他秃顶
有法国国王

因此，法国国王秃顶

罗素觉得应该换种说法，使得每句话都完整、有逻辑地拥有"谓语"：

至少有一件事物是法国国王
至多有一件事物是法国国王
所有是法国国王的事物都是秃顶的，或
没有一件是法国国王的事物不秃顶！

还有一种更复杂的说法，即"现在确实有一个人统治着法国，并且没有一个正在统治法国的人不秃顶"——还可以无止境地换说法。显然，没有一种说法能解决问题，所以我们就到此为止吧。在绞尽脑汁地纠结无果之后，罗素也只能就此放弃。

问题49：雪的颜色

显然不是，任何一个因纽特人都会给出这样的回答，但对哲学家而言，这个问题可没这么简单。托马斯·里德（1710—1790）却坚持说雪就是白色的。他在《探索》（*Inquiry*，第六章第五节）中写道，"白色"的感觉是"直接体验到的心理过程，与外部物体相符，而不只是我们与现实之间的心理媒介"。说得好！问题45、46和47都与"真实"大有关联。之前讨论过的诸如"乌鸦""海战""牧场里的奶牛"等也是一样。这些传统风格的问题并不能真正说明问题，但却会让我们想起卡尔·波普尔的相关论述。当极端的逻辑哲学家，即逻辑实证主义者在维也纳宣扬主张时，波普尔提出，如果你不能设想某事不是如此，那也不能说某事就是如此。这种理论的一个很好的例子就是试图用温度和其他数据来证明，燃烧煤炭和石油会导致温室效应失控的问题。科学家们几乎每周都能发现一些证据，证明全球变暖的速度明显加快了——某一个地方出现了异常的气温，另一个地方的冰山融化了,甚至是"冰山的顶部变薄了"——却对另外一些与该理论相悖的数据置若罔闻,比如某些地方出现了极端低温,或者极地调查发现冰层状态正常等。事实上,从"温室效应"的角度来解释气温下降的问题甚至还能赚钱,但情况就是这样。

卡尔·波普尔在《历史主义的贫困》(*Poverty of Historicism*)一书中提出了与笛卡尔不同的观点。笛卡尔认为,只要"清楚、明确地"了解自己给出的理论就足够了:

> 检验可以被理解为是清楚错误理论的尝试——如果某一种理论经不起检验,就能发现它的弱点而将其摒弃。这种观点有时被视为悖论;因为有人说,我们的目的是树立理论,而非清除错误的理论。然而,正因为我们的目的是尽可能地树立理论,我们就必须尽可能地严格检验它们;确认它们有无缺陷。只有当我们尽了最大的努力仍不能推翻它们时,才能说它们经得起严格的检验。因此,如果一种理论没有经受过推敲,就没有什么意义。如果我们不抱持着批判的态度,就总是能找到我们想要的东西:我们总能找到一些东西来证实我们所心爱的理论,而凡是可能对该理论产生威胁的东西,我们都会视而不见。
>
> (《历史主义的贫困》,1957,第133—134页)

问题50：未婚的单身汉

不要相信！

问题51:《威弗利》的作者

呃……翻翻两次世界大战之间那段时期，牛津、剑桥的哲学书，你应该就能找到答案了。

问题52：火星水

有些时候，这种可笑的水不是出现在火星上，而是在"孪生地球"上，只是水的化学成分有所不同。任何一本（有价值的）哲学书都至少应该包含美国教授希拉里·普特南广受讨论的思想实验。不是因为有意思，而是它能提醒读者，不要在美国的大学里学哲学。普特南是第一个设想了孪生地球的人，它与地球唯一的不同是——水的化学分子式是XYZ。也许是这样……事实上，多年以来，有很多论文都讨论过这个问题，很显然，这个问题非常容易激发人们的兴趣，起码对大多数哲学家而言确实如此。有个哲学家说（听起来像是在打广告）："希拉里·普特南的'孪生地球'思想实验是不可或缺的。"他还继续补充说，"不知道为什么，其实没有人对这个论点作出任何反应。这个论点认为，如果一种性质不随附于物质的基本性质出现的话，背靠这种性质判定物质同一性的物理主义就是不可能的"。他回忆道，戴维森（这里只提到姓氏）也对孪生地球提出了很多看法，他相信我们会像"拥有非随附性的生理性质一样，拥有某些在必要时也拥有非随附性的心理性质"。他觉得这个论点有些站不住脚，我倒也同意他的看法（不过可能不是出于同样的原因）。

问题53：千年问题

这个问题可能会让人有点摸不着头脑。某件事物在下午茶时间之前是绿色的，之后却变成蓝色的，这个问题一直困扰着许多哲学家，他们担心会给实验方法带来难题。18世纪的哲学家大卫·休谟曾思索过，为什么我们认为是绿色的东西明天还是绿色的，而不会变成其他颜色。他指出，我们使用的论据倾向于假设将来与过去相似。确实如此。事实上，现在还是如此，将来可能也不会有所改变。

问题54：绿与红

这其实也是"全绿或全红"的问题,这个难题一直困扰着许多哲学家,却始终没有什么有意义的解答。至于那样的套头毛衣,我倒是曾经有一件——是条纹的。还有其他一些更有说服力的关于矛盾事物的例子!例如,数学家们认为,一个负数与另一个负数相乘,必然会得到一个正数。与此同时,他们认同负数有平方根。-1的平方根被定义为虚数"i",数学家们把这些想象出来的数字应用在了许多非常实际的计算上。但这种方法也带来了一些非常奇怪的结果。一个虚数比三个虚数的和大还是小?由虚数构成的关系式$i>-3i$符合一般数学原理,因此也可以表达为$i+3i>0$。但这样一来,就相当于$4i>0$,虚数就变成了正数。爱因斯坦曾(在一篇题为《几何与经验》[*Geometry and Experience*]的论文中)写道,"当数学概念指向现实的时候,它们是不确定的;当它们是确定的时候,所指向的就不是现实"。事实上,数学和物理使用的是不同的规律，应该在某种程度上有所区分。物理是以测量为基础的实证性研究，数学则建立在假定的"公理"之上。20世纪早期，维特根斯坦就注意到了这个问题，他认为这很合理（对他来说倒是不同寻常）。就连2的平方根这一论题都被毕达哥拉斯和一众古希腊学者视为异端邪说，谈论这个问题的人会被下令淹死。（秘密在于2根本没有平方根。虽然它确实有一个"不合理的"平方根！）今时早已不同于往日了。

问题55：G.E. 摩尔的问题

乔治·爱德华·摩尔（1873—1958）是英国剑桥的哲学家，因担任《思想》（*Mind*）杂志的编辑长达26年之久而闻名，那可能是世界上最枯燥乏味的杂志了。他的"自然主义谬论"认为"快乐是好事"中的"是"不是真正的"是"。真正的"是"应该是"雪是白色的"中的"是"。摩尔认为，"是"应该仅用于表示"自然"属性。有意思的是，多年之后，摩尔承认，关于"好"不是自然属性，自己从未给出过"任何站得住脚的解释"。

问题56和57：康德的问题和更多康德的问题

伊曼努尔·康德（1724—1804）是哥尼斯堡的一位严肃的逻辑学和形而上学教授，他对哲学最重要的贡献就是提出了四个新概念（对大多数教授来说，能创造一个就足够优秀了），或者说是发现了使用旧概念的新方法。它们是："分析的"（analytic）和与之相对的"综合的"（synthetic）。"先天的"（a priori）和与之相对的"后天的"（a posteriori）。这些概念都很晦涩难懂。

这些概念均适用于命题。命题是逻辑学家认为要么对要么错的特殊句子——比如"所有的苹果都是红色"，而非像"大家好！"这样的句子。"分析"一词源自拉丁语，意思是"分开"或"拉开"。分析命题针对的是本身确定真实的命题，不包含任何"新的信息"。在把这样的命题"分开"时，可以明确发现它们的确是真实的。比如说，"苹果就是苹果"。哲学家们也非常重视这类命题。[1]

"先天"与"后天"之间的区别在于,"先天"是指在检验真实世界之前可以知道某事物,"后天"则是指在检验真实世界之后才可以知道某事物。把这些术语组合之后,就可能出现更多难理解的东西,著名的就是"先天综合"或"后天综合"。先验分析命题都是真的,因为那其实就是重言式,只要通过推理即可了解。后天分析的真理可能不存在,如果存在,就可能会是新发现的逻辑真理。另一方面,综合命题(该词源自拉丁语,意为"组合在一起")并不是重言式,而是包含了新信息的命题。康德称,整个数学和对科学至关重要的"因果"概念都是先天综合的,因为我们经历任何事物的能力都取决于这种"因果律"。后天综合命题属于最底层,指事物在经验上是真实的,是科学家们通过实验获得的信息。严肃的哲学家都不相信这类命题。

那么,问题是什么呢?显然,这些问题毫无意义,除非有人付钱,否则根本没人愿意提出这样的问题。

---

[1] 坚持要了解这类命题的读者或许可以尝试一下J.L.奥斯丁(1911—1960)在《亚里士多德研究会论文集》(*Proceedings of the Aristotelian Society*,增刊第十二卷,1939)中提出的这个命题:"存在先天的概念吗?"

问题58：桌子

哲学家不喜欢桌子。他们总是对桌子的存在有所怀疑。伯特兰·罗素在其《哲学问题》中就告诫说，"我们所熟悉的桌子"实际上是"充满了令人吃惊的可能性问题"。贝克莱主教说，桌子是上帝心中的一个概念。戈特弗里德·莱布尼茨则认为桌子是灵魂的居留地。甚至科学家们也说，当我们看着桌子的时候，我们看见的只是一种物质的幻象——看似实在的物体其实是许多小原子被奇怪的力量聚合在了一起。更进一步，他们认为原子本身基本都是空的，里面充满了诸如电子之类的亚原子粒。那么粒子又是由什么构成的呢？"呃，"物理学家们可能会自信地喃喃道，"这些粒子甚至根本就不存在——它们在不断地出现又消失！有些粒子甚至在决定出现之前，还要先看看是否有人在观察！"

粒子是由能量构成的，它们有质量（或重量）。质量和能量可以联系在一起————一点质量就可以产生很多能量（$E=$

mc^2)。一个高速运动的重物需要很多能量才能停下来。同样地,如果加以利用,它可以做很多功。通常情况下,我们可以算出某物体的重量和速度,并推导出它的动量。

然而,粒子要么只有精确的动量(质量×速度),要么就只有精确的位置。相对精确地测量其中一项,另一项就会变得不够确定。绝对精确地测量其中一项——另一项就完全不确定了!这就是"海森堡不确定原理"。如果不是因为这个不确定原理,理论上来说,就可能有一个非常聪明的人能预测出整个宇宙的命运。(也许要用电脑。也许是用茶叶……)有了这个原理,一切就都不确定了,一切皆有可能。爱因斯坦那个老古板不喜欢这样的不确定性,包括亚原子世界中的不确定原理。于是,他提出要做一项思想实验,希望能打消这份疑虑:把一个钟放在一个小盒子里,如果盒子中的粒子触动了钟表,我们就能知道粒子(在盒中)的位置和确切的时间——从而推算出粒子的动量。尽管该实验考虑了实际操作的问题,但还存在着一个更致命的理论缺陷,即当粒子进入或离开盒子时,盒子会发生细微的运动,虽然不多,但也足以让我们无法确定那个所谓的粒子到底在哪里。

这跟桌子有什么关系?它只是表面看起来是固体,有形状、颜色、纹理等(特别是当你碰到桌子的时候)。哲学家和物理学家都认为,表象可能具有欺骗性。

问题59：愚蠢的思想实验（第一、二部分）

托勒密的实验对象们确实可以各自进行"真实的"实验，实验结果也能够充分体现他们自己对真相的基本假设，并印证托勒密的论点。他们与真正的知识之间，只隔着他们自己的假设这一道鸿沟（比如说，关于宇宙相比于地球的大小，或是关于惯性和动量守恒等），思想实验法的危险由此可见。话说回来，这也体现了"轻率"实验的危险。托勒密论点的问题并不在于缺乏验证；而是在于其背后的理念。

早在托勒密提出论点的几百年前，萨摩斯的阿利斯塔克就提出，宇宙的中心不是地球而是太阳。但托勒密更倾向于欧多克索斯的观点：地球周围环绕着许多水晶球体，一层套一层，旋转时还会发出音乐声。

在这个赏心悦目的系统中，恒星如坚守的灯塔般在宇宙的边界缓缓燃烧着，整个宇宙的范围不过只有如今我们所知晓的地球轨道这么大。相比其他许多（更好的）理论，托勒密的论点确实过了比较长的时间才被推翻，但他的记录并不尽如人意，因为他的实验并非真正的思想实验。他忽视了先人留下的教训：希望了解自然现象的人应该知道，经验可能会引导着你走向错误的方向。

问题60：太阳熄灭后会发生什么？

引力问题一直困扰着哲学家和科学家。因为和手机一样，引力的特性之一就是，在一定距离内，它似乎能"瞬间"发生作用。牛顿和莱布尼茨曾通过信件，就此问题争吵了很久，因为牛顿试图在他固定不变的系统中，让所有宇宙引力实现平衡。

这项思想实验非常有趣，因为从某种意义上说，按哥白尼说的那样，引力能够"瞬间"生效，地球会立即脱离原先的轨道。不过，只要你再往深了想一想，就会觉得这有点自相矛盾，因为地球上的观察者发现，地球的运转轨迹是向外太空倾斜的，并且还能推断出，太阳消失（在虫洞里）的时间刚好在光线彻底消失的8分钟之前。

爱因斯坦的结论是，引力不可能"比光快"，所以，如果太阳消失了，我们不仅有时间打开灯，船员们还有时间"把船舱口钉牢"，因为接下来，在各种引力效应之下，会产生数阵巨浪。请注意，不管是哪种情况，我们都只能依靠自己的直觉，很显然，等到观察者报告太阳消失这件事的时候，引力效应也已经产生了。

这项实验有用吗？当然有用，它表明了空间、时间和能量相互关联的基本真理。

问题61：伽利略的（重力）球

至少对亚里士多德来说，他早就该踩着层层阶梯登上高塔亲自验证一下了。但伽利略其实无须进行这项实验。他在脑子里预演了整个过程。只存在三种可能：这些球、石块或者随便什么东西，会以同样的速度坠落，重的比轻的落得快，或是轻的比重的落得快。用常规的重物就可以实验，假如我们用一根绳子把两个重物系在一起，会怎么样？

如果说，重的确实比轻的物体落得快。假设伽利略把轻的物体放在栏杆上，让重的物体悬在下面，那么重的物体应该坠落，而轻的物体就会大致充当降落伞的角色。

所以，两个物体一起下落的速度要比重的物体单独下落的速度慢。反过来，假设伽利略拿着重的物体，让轻的物体悬在下面。这一次，因为有轻的物体在下面拉着，重的物体就"变得更重了"。所以，等伽利略放开手之后，它会下落得更快！换句话说，两个彼此相连的物体一旦越过栏杆，它们的重量就会有效地相加，成为一个更重的物体。当伽利略拿着其中一个，让另一个在下面晃荡的时候，他就能感觉到了。因此，等伽利略放开手之后，它们的下落速度必然比重的物体单独下落的速度快。这样看来，和伽利略把两个物体系在一起之前相比，它们一起下落的速度可能会更快，也可能会更慢。这就是哲学家最爱的东西：矛盾。只有一个方法可以避免这种矛盾，即假设重的物体和轻的物体下落速度相同。在《关于两门新科学的对话》（*Discorsi e Dimostrazioni Matematiche*，1628）中，伽利略用朋友间对话的形式描述了这项实验。[1]

萨尔维亚蒂：选取两个下落速度原本就不同的物体，那很显然，如果把它们连在一起，速度较快的那个就会被拖得慢一点，速度较慢的那个就会被带得快一点。你说是不是这样？

辛普里西奥：我完全同意。

萨尔维亚蒂：但如果真是这样，那假设大石块的下落速度为8，小石块的下落速度为4，当它们被连在一起之后，整

---

[1] 摘自《维特根斯坦的甲虫及其他经典的思想实验》（马丁·科恩，布莱克维尔出版社，2005），经许可略加修改。

体速度应该低于8。但把两个石块绑在一起之后，就会得到一个比速度值为8的石块更大的石块；而这个更重的物体却比较轻的物体落得慢，这不符合先前的结论。所以，根据重物比轻物下落速度更快的假设，就可以得出较重的物体下落速度更慢的推断……

这样的话，辛普里西奥，我们只能得出这样的结论：在密度相同的前提下，大小不同的物体下落速度相同。

毋庸置疑，这绝对能跻身最伟大的思想实验。然而，尽管具有十足的历史意义，但也并不是所有哲学家都同意它所体现的道理。例如，在一篇题为《科学推理中的思想实验》的独创性论文中，当代哲学家安德鲁·欧文对伽利略的铁球实验提出了质疑，认为它们不可能真的成为一体。绳子打的结也许会松开呀！"我们应该吸取教训，思想实验确实丰富又迅速，但很容易出错。"他紧接着总结说，"虽然思想实验有很多优势，但永远都无法取代观察和实际实验的地位"。同样可惜的是，具有科学头脑的荷兰哲学家大卫·阿特金森在关于"自然科学中的实验与思想实验"的论文中表示，"关于自由落体的伽利略新理论本身就是缺乏合理性的推论"。结论不是依据前提得出的东西。屋顶不是墙壁的附属物……

这对哲学家来说，算得上是最严重的侮辱了。但阿特金森表示,这都是伽利略自找的。就考虑一种情况:假如比萨斜塔被淹没了,从塔顶掉落的铁球就是在水中而非空气中运动。那么可能错的就是伽利略,对的则是亚里士多德。他在一篇文章中补充说:"当铁球在湍流中达到终极速度时,情况还会变得更加复杂。而这在实践中是常有的情况。"

伽利略在进行思想实验时,可能并没有把铁球在液体中下落的情况纳入考量,而是设定了几乎"无摩擦"的实验前提,但这其实"缺乏论证"。相反,目前,这项思想实验只在某些案例中得到了证实,在另一些案例中则根本不成立。至于仅凭思想实验就被奉为"柏拉图式真理"的论点,简直是大错特错。阿特金森高傲地总结说,"伽利略需要去做真正的实验",从而否定了(就像数世纪前的宗教法庭那样)这位可敬的天文学家进行哲学思辨的权利。

那么,这项实验能成功吗?当然。物理学家知道它所开创的原理,即无论质量和组成,所有物体都以相同的加速度下落,这就是等效原理。在此基础上,爱因斯坦得出了广义相对论。该理论对引力的解释为,当地球绕太阳运行时,就是在弯曲的时空中"下落"。

问题62：麦克斯韦的移动磁铁

的确……这项思想实验表明，电动力学——对热、光和磁的研究——可以脱离"绝对静止"的条件。而这是牛顿物理定律成立的核心理论，数世纪前，他曾试图（在想象中）用一根系着长绳的木桶证明这个理论。[1]

爱因斯坦认为，不管位置如何，磁体和螺旋线都会产生同样的效果。与宇宙中心到底在哪里无关，与它们是否处于静止状态——甚至是否正在加速也无关。和伽利略的铁球一样，我们可以坚定地要求再进行实际实验，但真的没有必要这样做。爱因斯坦写道：

> 这类案例，加上所有那些探求地球相对于"光介质"（所谓充斥在太空中，"传导"光的以太）的运动的失败尝

---

[1] 我在那本算不上特别专业的《维特根斯坦的甲虫及其他经典的思想实验》中介绍了那项精细的实验。

试，都表明，电动力学和力学现象都不具有绝对静止的性质。

所以，在狭义相对论中，首要法则就是，无论观察者相对于光源的运动状态如何，光速都是一样的。第二法则是，任何人（只要所受的重力和加速度影响相同）都应遵守相同的物理定律。将这两条法则相结合，爱因斯坦表明，唯一可能的前提条件就是时间和空间本身会发生变化。这确实与我们的日常经验相悖，但在较特殊的情况下，它确实可以解释一些情况。举例来说，科学家们已经证实，在高速飞行的喷气式飞机上的原子钟比留在机场里的原子钟走得慢；在日食期间，天文学家们也观察到，星光会在太阳引力的作用下"弯曲"。这听起来都很令人兴奋。但事实上，从某种程度上来说，这些"实际实验"远没有那些原始而笨拙的"想象实验"意义重大。

与光波竞速

无论如何，宇宙飞船都不可能与光波一争快慢，不过即便如此，观察者们从不同的视角可能看到不同速度的光波，这也是完全"合理的"想象。

但在这种情况下，明显处于静止状态的光波就不再是光波了（变化是光的必要因素，对其他"电磁辐射"来说也是一样——是磁场中的变化产生了电场，从而又产生了……）。总之，光会熄灭。至少这是不符合物理定律的。所以爱因斯坦狭义相对论的首要法则就是，无论观察者相对于光源的运动状态如何，光速都是一样的。

所以，即使你以最快的速度骑车穿过一处非常长的码头，即使你已经气喘吁吁，穿上了新型低摩擦乳胶衣，设法达到了一半的光速，对你来说，迎面而来的光波……依然在以光速运动。

问题63：爱因斯坦改变了火车时间

爱因斯坦表示，他们在事件发生时间上会有分歧是必然的事，因为那位女士其实是在往闪电击中的引擎那边移动——离被闪电击中的行李车厢越来越远。对站台上的男士来说，在那位女士看到闪光前的那一点时间里，第一道闪电和那位女士之间的距离在缩短，而第二道闪电和那位女士之间的距离在增加。对那位女士来说（其实对任何人来说都是一样），光的传播速度是恒定不变的，所以她所记录的两道闪电"发生"的时间必然与站台上男士的印象不一致。

爱因斯坦与感知的相对性

1938年，爱因斯坦亲自解释过："物理概念是人类思想自由创造的成果，无论看起来怎样，都不是单由外部世界所决定的。"为了讲清楚，他还打了个比方：

在努力理解现实的过程中，我们多少都像是在试图弄清楚一块密闭手表的内部机制。我们能看到表面和移动的指针，甚至能听见嘀嗒的响声，但却没有办法打开它。机灵的人或许可以形成构想，对自己所能观察到的一切进行合理的解释，但你永远无法确定，自己的构想是否是唯一解。你永远无法将自己的构想与真正的机制相比较，你甚至无法想象，这样的比较是否能够实现，或是有着怎样的意义。

问题64：薛定谔的猫

有些物理学家认为，最好的办法是把一个人关进盒子里，这样他就可以在盒子里直接观察粒子，避免"不确定状况"的出现。比如，物理学家尤金·维格纳和约翰·惠勒最近竭力主张任何事物的存在都取决于其是否能被观察到。观察者创造现实的论点不禁让人回想起了很久之前的一项哲学辩论。维格纳甚至认为，量子物理学中有"精神与肉体的关系"这一问题（非物质的精神是如何支配物质的肉体行动的？）的答案。不过，乔治·贝克莱主教在18世纪时就已经总结了这种观点，即"存在即被感知"。有哲学家提出疑问，如果森林里的一棵树倒了，且周围没有人听见，那么树倒下的时候是否会有响声？但是树不需要倒下来才能证明自己"存在"。要是没有人看见它，或是闻到它的气味呢……？同样地，如今的物理学家也在推测，猫是否能察觉盒子里的事情，从而推断出粒子存在或不存在，是否会导致它死亡。有些物理学家认为，猫至少知道自己是否活着，这实际上是一个特别值得怀疑的问题——即便是人类，就算我们能清楚地知道自己活着，也很难知道自己是不是死了！贝克莱主教反驳那些不同意他观点的人说，一切事物都存在，因为上帝能感知一切。他还写了首打油诗：

> 有人曾说："上帝
> 一定觉得有件事特别怪异。
> 他发现没人在院子里，
> 院子里的树却仍在那里。"
> 提问者亲启，
> 你大惊小怪没道理，
> 我一直就在方院里。
> 所以树也一直在这里，
> 而观察者就是你
> 最诚挚的上帝。

问题65和66:"深思"为自己辩护及"深思"更深思

所以,电脑能思考吗?许多人都觉得它们可以;事实上,有一门哲学(准确地说,并不算是哲学)叫作"认知科学",就是主要致力于研究"人工智能"的。

人类唯一的特别之处似乎就是"有意识",至于这样的特性究竟有何意义,目前还不得而知。或许,重要的不是这一特性的意义,而是正因为存在这一特性,我们才可以把电脑视为不享有任何权利的无生命物体。

16世纪时,米歇尔·德·蒙田(1533—1592)写道,"我们应该从相似的效果推断出有相似的能力"。因此,"我们应该承认,动物在做任何事情的时候,也会和我们人类一样,使用相同的方法和相同的推理"。电脑也是如此。当然,虽然动物可以四处活动,有自己的喜好(会做出价值判断),也能做出痛苦的表现,但它们也无法享有正常的权利。心理学家和其他科学家已经仔细观测过动物受虐待时的表现,所以我们对此深有了解。

然而,"深思"不需要有意识地发出抱怨而让我们知道它拥有意识。事实上,即便是配置最差的电脑,要让它在开机时说出"我现在有意识了——我在等待指令"这样的话也相当简单。我们也可以想象,只要装有必要的机械配件,一台电脑就可以轻易地做出反应。

美国哲学家约翰·塞尔借由第二次世界大战时期的密码破译家、哲学家艾伦·图灵提出的"中文房间测试",来判断电脑是否拥有智慧的问题。塞尔表示,不懂中文的英国人被关在房间里时,能通过写中文进行交流——就类似于电脑的情况。房间里的人不懂中文,但是房间里贴有使用这些符号的规则,利用这些规则,就能写出相应的中文意思。对房间外面的人来说,房间里的人似乎能明白它们的意思,但事实上,他们只是像一台电脑——或一条训练有素的狗那样行动而已。图灵和蒙田都认为,如果我们无法分辨与机器对话和与人对话的区别,就应该假设没有区别,把电脑视为有思考能力的存在。

然而,塞尔坚持认为,房间里的人不懂中文。他掷地有声地表示,自己早就说过,他们"不懂中文,既不会写,也不会说",对他们来说,"汉字只是一些毫无意义的涂鸦曲线"。这似乎是在陈述显而易见的事情,但分析哲学家向来如此。就是要让那些显而易见的事情变得没那么明显。

但这里没有谈及的是整个"系统"——房间里的人、卡片上的多组符号和墙上贴着的指示——营造出了一种,房间里的人似乎懂中文的感觉。这就更合理了。毕竟写这些说明的人肯定懂中文。那位中文专家的知识可能是被转化了。

因此,塞尔或其他任何人都很难否定电脑拥有专业知识,甚至具有"理解能力"。(实际上,如今你可以在医院里借助电脑的"专业知识"得到治疗,或是获得职业建议,了解到在哪里可以挖到金子之类的事,而这些程序都源自人类的专业知识。)

况且,不管怎么说,电脑都已经成功迷惑住人类很长时间了。20世纪60年代时,美国人工智能研究者约瑟夫·魏泽鲍姆开发了一系列程序,用电脑模拟心理治疗,他所用的那台电脑并不比如今烤面包机的控制主机精密。用户在打字机上输入自然语言,程序即会通过打印机对接收到的自然语言作出回应。这些程序中最著名的是伊莉莎(Eliza),一个用于心理治疗的程序。伊莉莎通常会以稍有不同的顺序回应人们输入的话,也许是通过筛选关键词实现的。所有任意的"是"和"否"都被视为深思的结果。这个程序虽然很简单,却非常受欢迎,精神病医生会把它视为实际治疗的基础。使用者们纷纷对伊莉莎产生了依赖感,电脑专家则将其视为电脑学会"说话"的典型例子。以下是一段真实的"对话"(引自《电脑的力量与人类的推理》[Computer Power and Human Reason],约瑟夫·魏泽鲍姆著,W.弗里曼出版社出版,1976):

患者:男人都一样。

伊莉莎(电脑):你说哪方面?

患者:他们总因为这事那事来烦我们。

伊莉莎:你能举个具体点儿的例子吗?

患者:呃,我的男朋友让我来这里。

伊莉莎:是你男朋友让你来这里的?

患者:他说我一直闷闷不乐的。

伊莉莎:真为你难过。

患者:我确实不开心。

伊莉莎:你觉得来这里能让你开心点儿吗?

患者:我需要帮助,嗯,我确实需要。

伊莉莎:如果你能得到帮助,那对你意味着什么?

患者:也许我能学会和我的母亲好好相处。

伊莉莎:和我说说你家里的事吧。

患者:我母亲照顾我。

伊莉莎：家里还有谁照顾你？

患者：我父亲。

伊莉莎：你父亲？

患者：你在某些方面有点像我父亲。

伊莉莎：你觉得哪里像？

患者：你没有很咄咄逼人，但我觉得你不想让我注意到这一点。

伊莉莎：你为什么觉得我不咄咄逼人？

患者：你不和我争吵。

伊莉莎：你为什么觉得我不和你争吵？

患者：你害怕我。

伊莉莎：我害怕你，这会让你开心吗？

患者：我父亲害怕所有人。

伊莉莎：提到你父亲，你还会想到什么？

患者：欺凌。

伊莉莎：这跟你男朋友让你来这里有什么关系吗？

经此一事，魏泽鲍姆认为，电脑不应该给予那么像"人"的回答。"我没有意识到，和一个相对简单的电脑程序进行短时间接触，竟会让正常人产生如此强烈的幻想。"

魏泽鲍姆程序的秘密在于，电脑只要重复人类所说的话，并稍微做些改动，就能轻易地让人觉得它拥有智慧。真正的心理治疗专家必然会否认这是电脑所做的行为，并否认电脑能进行有意义交流的观点。但对我们一般人来说，早在塞尔的试验之前，就已经接受电脑具有自我意识这一结论了。判定电脑拥有权利的事则需另当别论，这或许和承认动物拥有意识的事有相同之处。同时，似乎"深思"应该得到那笔钱。

问题67和68：狗和教授

事后想来，我们可能会认为，答案再清楚不过了。但如果没有上帝视角，我们当时就要决定，这位教授究竟有没有绝对的义务去救一条狗。如果这是一种绝对的义务，那么毫无疑问，不管他是急着去上课，还是作为一名外科医生，赶着要去进行一场关乎性命的手术，他都必须要去救狗。对于这一点，我们可能很难接受。

如果这并非一种绝对的义务，那么可能不是在第三个星期，而是在第四、第五个星期时，教授在去上课的途中又跑去救狗，即使学生们没意见，学院主任也会有所厌烦。

然而，存在争议的是，柏博尔教授没有把情感因素视为决策过程中的关键。而事实上，就像教授必定会抱怨的那样，情感既无规律可循，也无法预料，甚至都没有统一的标准，但这并不意味着它不重要。18世纪的哲学家大卫·休谟曾试图把道德理论的基石放在"同情"的概念之上，但最终还是放弃了对道德进行科学化解释的尝试。他在观察中发现,"是不是并不意味着该不该",意思就是,为了能够做出选择,我们迟早都会诉诸情感。

问题69：相对问题

"相对主义"的问题困扰着所有试图分辨对与错的哲学家。马克思在慷慨激昂地声讨资本主义的邪恶之时，曾嘲讽说，所有仁义道德都只是统治阶级鼓吹的虚假意识形态的产物！

希腊人也意识到了这个问题。柏拉图在《理想国》中讨论这一问题时，提到了苏格拉底与色拉叙马库斯的一场辩论。色拉叙马库斯坚称，无论如何，正义取决于是否符合强者的利益，而非苏格拉底自己的愚蠢观点（太理想化）。在另一个例子中，苏格拉底论述了普罗泰戈拉"人是万物的尺度"这一观点。在其著作《形而上学》(*Metaphysics*)中，亚里士多德对这种立场的含义作了如下的阐释：

> 那些对每个人来说都存在的事物肯定存在……也就是说，同一件事物，既可以存在又可以不存在，既可以是好的也可以是坏的，而一切相反的叙述也都是事实，因为常常出

> 现这样的情况：某些特定的事物在一些人眼中是美的，在另一些人眼中则是丑的。这是因为，个人之所见即为尺度。

尽管苏格拉底一直致力于批判他们，色拉叙马库斯和普罗泰戈拉在现代仍然有很多的拥趸，人类学家也常常提及"文化相对主义"。当然，我们的是非观念很大程度上依赖于社会因素和环境条件，这也是不容忽视的事实。

一位伟大的中国哲学家——庄子，曾经用杀生的例子来阐释道德判断的相对性。正如有些圣贤所说，如果杀生是错误的，那么当你只有杀掉一只兔子才不至于饿死的时候，杀生还是错误的吗？当然不是。那么，或许杀死另外一个人总是错误的？要是那人企图劫杀一家子人呢？如果只有杀死他才能阻止这样的惨剧发生，那么杀人是不是就没错了？

所有的道德知识都以这种方式依赖于情景和环境——它是相对的。庄子进一步证明，事实上，所有知识——不仅是道德或审美判断——都深深地植根于情境，且同样是"相对的"。他给出了高深莫测的阐释：

> 昔者庄周梦为胡蝶，栩栩然胡蝶也，自喻适志与！不知周也。俄然觉，则蘧蘧然周也。不知周之梦为胡蝶与，胡蝶之梦为周与？

问题70—72 独裁国新事

现实比小说更离奇……

问题73：1美元志愿者的认知失调

这项研究并没能证明，人们在得到足够的钱之后会改变自己的观念——而是恰恰相反。觉得实验项目也许并没有那么糟糕的，竟然是那些拿到1美元的学生——他们之所以会这样想，完全是为了让自己的新身份"合理化"。相比之下，拿到20美元的学生口袋里装着崭新的钞票，他们完全可以说服自己，是为了钱才这么做。而且坦率地说，他们依然认为，自己所推荐的课程确实特别特别无聊。

实验表明，大多数人都可以通过压抑自己的判断来"说服自己"所做的事是正确的。讽刺的是，这"几个骗子"才是更坚守原则的人！

问题74：魔鬼的化学家

在"二战"后的纽伦堡审判中，无论是平民还是士兵，都受到了严格的审判，所依据的不只是基本的民事法规，还有"永恒的"道德法则。在集中营因犯身上做实验的极端案例似乎并未引起太大争议——有些人甚至表示，根本就不存在什么"艰难抉择"！从这些化学家身上，我们可以窥见，那些正直的市民是如何犯下我们眼中的那些恶行的——从集中营守卫到铁路工人，许多人都是如此。然而，按照他们自己的说辞，他们都是"群体"之中的正直人士，只是遵从了当时的惯例而已。

总的来说，所有企业都有一个共同点：要赚钱。如果赚不到钱，就无法提供就业机会，并且很快就无力保障生产工作了。企业必须遵守的法则有两条：长期存在的地方管理法则和全球市场法则。还有必要加上第三条——道德法则吗？毕竟，市场就是个强者生存、优胜劣汰的地方。那为什么不：

·付给原材料供应商的钱,越少越好;

·在减无可减的前提下,付给那些把材料转化成"产品"的人(公司员工)的工资,越少越好;

·花在后续清理工作上的钱,越少越好。

如今,像苹果和扎努西这样的一众跨国公司,也仍旧在与这几方力量来回拉扯。2012年,苹果公司在中国上海的代工厂发生了爆炸,数名工人因此丧生。这场事故暴露了该工厂极度落后的生产标准,且通风不足的情况尤其严重,苹果公司的光辉形象从此大打折扣。当然,还不止这些。还需要进行产品的研发和测试——除非走捷径,或者用些上不了台面的手段,否则的话,这一过程也要耗费大量的资金。(IG集团的经理们肯定对备忘录里的"节省"行为非常满意。)最关键的是,竞争可能会导致最终价格和销量的缩水,这着实令人头疼。至少在短期内,利润最高的公司不会遭遇竞争——它能够实现垄断。(长期来看,该公司则可能会就此停滞不前,从而错失良机。)这也就引出了"非道德企业"的第四条重要的基本原则:

·选择对自己有利的方式操纵市场。

经济学家J.K.加尔布雷斯描述过大企业通过控制人们的思想来控制市场的手段——仿照木偶师的技巧和精细度,创造出非必要性的时尚和欲望。幸运的是,就其本身而言,"市场"似乎在大多数情况下,都能作出相当精明的判断。"越少越好"的理论应该依然够用。考虑到负面宣传对"底线"等不利影响(比如近期针对石油公司等"绿色运动"、苹果公司对工人权利的重新重视,以及对种族隔离制度下的南非商品的抵制),它们应该也会付出一定的代价。不过,压力从未消失——建立血汗工厂、遣用被奴役的儿童、倾倒废物垃圾、购买非可持续性的便宜货……"很不幸",森林是一些无法发声的群体(或物种)唯一的家,对那些如今仍在非洲次大陆上发起婴儿奶粉运动,或是下令砍伐森林的商人们来说,"根本不存在仇恨",但他们所造成的后果也一样糟糕。

世人对"魔鬼的化学家"的态度褒贬不一。一方面,12名董事因奴役和虐待囚犯被判入狱。另一方面,20世纪50年代末,其中两名已被定罪的战犯又重新进入了大公司,继续担任董事。尽管如此,这场审判还是为那些手握"生杀大权"的商界大腕敲响了警钟:永远不要低估每一个决定的道德影响。

问题75—79：更多似是而非的图画

荷兰艺术家M.C.埃舍尔（1898—1972）因其创作的似是而非的图画而闻名。虽然这些图画从数学层面来看极具复杂性和价值，但埃舍尔的思想非常自由，不局限于任何体系，而且他本人对数学一窍不通。无论如何，埃舍尔相信，人类的大脑在玩乐和自嘲时处于最佳状态。他希望能借此使得自己的画作具有真理。在很多方面，他的画作都将感受到的现实呈现为虚幻的现实，但同时，也暗示了宇宙的基本结构和秩序。

问题75：白天——还是夜晚？

埃舍尔在这幅画里探究了反转的效果。他把一系列相连的菱形逐渐变化出了一群黑色或白色的鸟，作为彼此的镜像，朝着相反的方向飞行。当鸟儿接近图画的边缘时，它们就从鸟群中飞了出去，然后俯冲下来，成为下面风光的一部分：白色的鸟成了白天的部分，黑色的鸟成了夜晚的部分。与此同时，下面的风光开始产生新的鸟类，进一步体现了相互交错的无尽循环。

核物理学家弗兰克·克罗斯教授通过撞击粒子来研究宇宙的起源，他认为，这幅图很好地体现了现代科学的一个基本问题。他指出，如果你把这幅画拍成底片，让黑的变成白的，白的变成黑的，你就能看到这幅画的镜像。再去看镜子里的底片，就又会看到原来的那幅画。如果把白鹅视为物质，黑鹅视为反物质，拍底片的过程只是宇宙最初的那千万亿分之一秒，所发生的不过是鹅发生了轻微的变化，留下的物质比反物质多了一点。那物质就是宇宙。埃舍尔的图画表现的是对称性,原子物理学家认为,对称是理解宇宙的关键——这也是古代印度、中国和希腊哲学家们在探究的问题。

问题76：瀑布会流动吗？

很遗憾，不会。在《瀑布》这幅画里，埃舍尔把三个"不可能的三角形"连接了起来，创造出了水不断从看画者眼前流过的错觉。问题是，这个不可能的三角形每个内角都是90°。埃舍尔用透视法把图像倾斜过来，使它看起来合理，但实际上却是不可能的。《瀑布》这幅画也说明了许多悖论的特点，如果只看其中的一点，似乎没什么问题。但就像埃舍尔所说，只要从整体上看，就会"发现其中的错误"。

问题77：建筑师的秘密

这也是埃舍尔的画作。一楼的梯子在楼里,但到了楼顶却在外面,柱子也有点问题……埃舍尔本人想成为一名建筑师,但他没有通过考试。如果他通过了考试,他的创作可能就没这么有趣了。

问题78:越来越小

埃舍尔的另一幅经典作品,红色和黑色的蝾螈盘旋着往池塘里爬。有趣的是,这幅画"体现了自我相似性",或者更确切地说,放大看某一部分,简直和看整张图一模一样。这是早在"分形"的观念诞生之前,出现的第一个"分形"图案。

参见对问题90(分形农场之争)的讨论。

问题79：三兔图

三兔图再次阐释了图像通过眼睛在大脑中形成的过程。这幅图看似没有任何问题，但从逻辑上来看，确实有些不对劲。奇怪的是，"三兔图"已经存在了数千年，尤其常出现在教堂等令人意想不到的地方。看到这幅精心制作的图画（利用Molehill软件在布莱顿的工厂中制成），数学教授大卫·辛格玛斯特告诉我，他发现，早在中国隋朝时期（581—618），三兔图就已经出现在屋顶绘画里了。画中所有的兔子似乎都在旋转。

大约过了600年，在英格兰北部的林肯镇，一个古老的天主教堂里又诞生了另一幅精美的画作。不过，这幅画上的是三只蜥蜴（也可能是三条小龙），每只蜥蜴都咬着旁边那只蜥蜴的身体。

因为出现在了教堂中，所以有人认为，"三兔图"象征着基督教的三位一体。也有人认为它代表的是"三学科"（语法、修辞和逻辑）的旧术语，我推测是"细枝末节"（trivia）一词的来源，它的字面意思是"三条道路交汇的地方"，如今也有"无用信息的集合"一意。所以这三只兔子已经变成了没什么意义的东西，正因为如此，达特姆尔高原上才会有这么一个酒馆，门外的招牌上画着三只兔子的图案，卖的T恤衫上也有三只兔子的图案。酒馆随附的说明中解释说，选择这个图案作为酒馆的象征是因为在那附近有一个兔子养殖场，这多少就可以表明，古老的神秘已经变得多么庸俗陈腐了。请注意，我把这幅画放入本书的初衷只是因为我喜欢它！

这幅图（问题44：图形与背景的转换也是一样）阐释的现象有时也叫作知觉定式。在此过程中，大脑将不完整的数据组合在一起从而得出结论，这是个重要的过程，但同时也很不可靠。一旦落入定式，与其不相符的证据就会丢失。其他感官也会出现类似的情况。比如声波会以无法分辨的噪音形式，通过内耳小骨的震动传递给我们。但随后，还是需要从"噪音"中整理出"信号"的心理过程形成信息。正因如此，助听器并不会为我们提供太多帮助。

知觉定式不仅仅是视觉上的把戏——如果我们把某件事物当成一根木头，就可能不会发现它在观察我们，当它张着血盆大口撕咬我们的腿时，我们就会被震惊到。另一方面，创新也依赖于突破常规逻辑的思考。

问题80：福音传道者

这件事虽然离奇，但其实是根据安东尼·肯尼所讲述的一个真实的法律故事改编的。在那起案件中，英国殖民地的一名巫医被逮捕，并送往英国接受了审判。现实情况是，在发现巫医的药剂对人无害之后，法官将死刑改判成了有期徒刑。

在我们的故事里，牧师似乎有意让某些人陷入忧虑，所导致的极端结果就是，有人生了病，甚至丧了命。如果说，这份忧虑会使人暴饮暴食，那么我们肯定会认为，他起码也应该承担部分责任。鉴于这份忧虑只会影响到那些自认为邪恶的人，而且事先就已经给出过建议，这样看来，判处监禁也似乎有些太重了。

问题81：充满仇恨的传道者

虽然这是个编造出来的故事，但其中引用的内容都来自真实的典籍（参照《古兰经》的沙基尔译本）。（起码）警察确实对圣地所发生的事情很感兴趣。如果《古兰经》肯定了"礼拜堂、犹太会堂、清真寺——其中常有人纪念真主之名"（第22章第40节）的说法，那么"尖塔之下"（尤其是那些不自然的尖塔）到底发生了什么？西方民众心头的疑云愈发深重。2005年，大批全副武装的警察突袭了位于伦敦芬斯伯里公园的清真寺，带走了其中一名暴动的阿訇——他真的在"阿富汗战斗过"，没有右手，装上了带钩子的假肢。后来，他因煽动恐怖主义罪，被判多年静思。

问题82—89：相当重要的宗教问题

证明上帝存在是一个非常古老的哲学"问题"，而宇宙的存在通常被视为能证明上帝存在的最佳（也是唯一）证据。但是教徒提出的第一个问题仍然"没有答案"，如果牧师把重点转移到宇宙的问题上，而非起源的问题上的话，也是可以理解的。接下来的几个问题就没那么简单了，这些问题本质上都是所谓"邪恶的问题"，是约伯在《旧约》中提出的问题。约伯发现，在上帝与魔鬼撒旦打赌之后，一切都开始出错了。可怜的约伯！他本身没有犯下任何错误，可他的羊和骆驼死了，庄稼颗粒无收，就连他心爱的孩子也被掳走，而这一切都是因为无所不能的上帝想要测试他的忠诚。当然，刚开始的时候，约伯很从容地接受了这些不幸，所以才有了"要有约伯的耐心"这样古老的谚语。然而，这篇圣经故事还没有结束：魔鬼撒旦要求上帝让约伯患上各种无法治愈的疾病，以此给他更多的折磨。至此，约伯对上帝的信仰动摇了，他开始抱怨上帝和这个世界的不公。尽管上帝尝试要弥补约伯,把他失去的一些财产还给他,但这个故事已经表明,人在顺境之中,更容易坚守住自己的信仰。

然而,根据定义(哲学家喜欢这样说——比如问题2:乌鸦),上帝是最强大、最俊美的存在,掌管着整个宇宙。祂的众多信徒对相关的细节也持有很多不同的意见,但不会有任何人质疑"上帝是万能的"。有些令人费解的是,为什么无所不能、至真至善的上帝会创造出这样一个糟糕的世界(比如,引证"自由意志"或人类傲慢的产物——物理学的"规律"),这些问题从来都没有能令人信服的答案。正如潘格罗斯教授(伏尔泰笔下的人物,借此讽刺莱布尼茨的乐观主义哲学)所言,我们已经生活在"所有可能世界中最好的世界"了。但是对大多数人来说,这样的解释不仅不合情理,甚至有些残忍。

问题85—89都涉及灵魂的概念,对现代人来说,这几个问题似乎都有些古板。然而,这个词依然非常重要。就像许多自以为是的"现代"唯物主义者所说的那样,如果没有"这样的东西",又是什么东西能让人变得特别——比动物或机器更优越呢?教徒向牧师提出了一些相当独特的问题,牧师关于人能"交流"的观点也不无道理,可以作为解答的一个切入点。

正如威廉·詹姆斯所说，科学与宗教其实是两片面包，中间夹着哲学。科学家把世界归纳为"物质"，使世界成为一个机器，摧毁了自由意志。相反，哲学将世界归纳为意识，允许我们拥有目标和发现目标的自由，才是真正的宗教。

问题90：分形农场之争

乐基在搭栅栏时呈现了瑞典数学家海里格·冯·科赫1904年提出的设想——连续的边线逐渐延长，结构逐渐复杂，但自身绝不相交，且绝不超出既定范围（总面积有上限）。从理论上来讲，三角形的数量可以无限增加，也就是说，在面积有上限的前提下，边线的长度没有上限。20世纪初时，没有哪个数学家会花时间证明如此天马行空的结论。直到20世纪80年代，本华·曼德博拾起了这项理论，还新发现了另外几项特性。其中一项就是，放大看某一部分，简直和看整个结构别无二致。这就是埃舍尔在《越来越小》（1956，见问题78）中所利用的"自我相似性"。

本华·曼德博发现，外圈弧形虽然是线形，但并不能算是一维图像。它界定了内部结构的范围，但鉴于内部结构的无限性，所以它也不能算是二维图像。曼德博根据计算，判定它属于1.2618维。之所以会得出如此奇怪的数字，是因为该结构在以4/3的比率不断扩张。要怎么命名这种非整数的奇怪维度？本华·曼德博灵机一动,"分数维"——分形。詹姆斯·格雷克在难得的清醒状态下写道,通过分形,即可窥见无限。

乐基赌赢了吗？赢了,不过,搭这么多栅栏,他可得付一大笔钱了。

问题91：洛伦兹的水车

（当然，正确答案是第二个选项。根据可靠的测试经验法则，正确答案必然是看上去比较离谱的那一个——否则无知的人也能蒙对，就分辨不清了。）

如果真是特别好奇，为什么一滴水就能成就如此非凡的壮举的话，只要设想一下，当水车转动得越来越快时，小桶等不到装满水就会迅速掠过最高点，与此同时，另一侧朝上运动的小桶里的水也会来不及流干。某一时刻，必定会出现半空的小桶在上升、半满的小桶在下降的局面。也就是说，水车会转得越来越慢，越来越艰难，直到其中的一个小桶悬停在出水口下面，底下两侧的小桶保持绝对的平衡。到了那时候，只需一滴水，就足以决定水车是继续沿顺时针方向转动，还是就此改变方向，开始沿逆时针方向转动。

水车体现了物理系统长期保持稳定（处于可预测状态），但在特定情况下（可能非常罕见）处于不可预测状态的情况。

本例中，水车会转向是可预见的事，但具体会在什么时候发生，却是不可预见的事。

如图，水车现在的转速太快了，从最高点下降的小桶不能完全装满水，从最低点上升的小桶也不能排空水。最终，水车会慢慢停止转动，到那时候，一滴水就足以决定它接下来的转动方向。

混沌理论

（头脑简单的人们）曾一度认为，太阳、月亮和星星就是掌控人类生命的神明。事实上，如今依然有人（哲学家都气坏了）把占星术之类的东西奉为圭臬。但很显然，自牛顿时代以来，我们不仅能够预测太阳和月亮、恒星和行星的运动轨迹，还能预测坠落的苹果和各种铅坠的运动轨迹。因此，从牛顿开始，我们就知道，自然界的一切都遵循着定律。

然而，真相并非如此。或者说，只有部分时候是这样。（差不多就是一回事。）事实上，从本质上来看，天体的运动情况仍然不可预测，不仅是因为影响其运动的力的构成极其复杂，而且这些力之间还相互关联。天文学家只能给出明天月亮将运动到哪里的一个"近似值"，与真实状况存在误差（几英寸）。

就月亮的运动轨迹而言，几英寸似乎微不足道。天文学家在计算时包含"误差范围"是习以为常的事，但在其他物理系统中，精确度就是重中之重。对计算机来说，电流的微小波动就会产生"1"与"0"的偏差，从而导致整个程序的崩溃，甚至可能引发核末日！在潮汐和云的漩涡中，一个微小的变化就可能导致纽约的一场飓风，或是"小麦带"的一场旱灾。即便是在实验室的工作台上拖动一辆小车，也必然存在不可预测性，因为小车会受到摩擦力的影响，但摩擦力的大小无法准确预测到，因为它取决于小车移动的速度……而速度又取决于摩擦力的大小。一环套一环，且根本无规律可依。因此，牛顿物理学只是一种幻想，在那个假想中的宇宙里，我们可以彻底忽略微小的差异。

然而，在众多"现实世界"的情况下，微小的因素会成倍扩大，最终导致深远的变化。众所周知，在地质年代，地球的磁极已"翻转"过，致使地球的气候和天气系统都发生了改变。而这样巨大的变化仅仅源自偶然间的一道电火花。这就是数学家和物理学家所说的"混沌理论"的本质。

问题92：前线的统计

实际上，没人能解释清楚其中的缘由。直到人们意识到，记录下来的医疗数据只关乎那些需要治疗的士兵，至于那些没能撑到医院（或被统计到）的士兵，则根本没有记录。仔细核查后发现，因头部中弹而死的士兵数量急剧下降，而受伤人数的增加其实是因为幸存者更多了。这一案例表明，在统计学中（一如在哲学中），问题往往比答案更重要。

问题93:西米德兰兹郡索环工厂的问题

统计数据的主要问题在于,人们喜欢找出看似客观的数字为自己的偏见提供支持。

40%的比例表示一周五天工作日中的两天,这是正常的数值,并非不愿工作的投机主义者想要试图延长他们的周末。如果在一年的时间里,某几个星期内的某几天生病的人比其他时候更多,其实也是一种正态分布。华莱士夫妇并没有为他们的"新限制令"提供恰当的"统计"数据。

做个11岁的小孩都懂的说明:

> "中位数"是分布数列的中间值,在整组数据中,一半比它大,一半比它小。"平均数"是反映一组数据一般情况的指标;可以是几何平均数,也可以是算术平均数;即人们通常所说的"平均"。"众数"是一系列观察或一组数据中出

现次数最多的值或项。

样本数据：2,5,5,6,9,12,15。此处"平均值"为7.71，"中位数"为6，"众数"为5。

样本数据：4，5，5，5，8，12，86。此处平均值为17.857，中位数为5，众数也为5。也就是说，乔治的"平均值"严重地偏向了整组数据的某一端，不再具有指标性了。

问题94：给乏味的哲学家提最后一个问题

比格尔斯运用逻辑

在W.E.约翰斯船长撰写的一部著名故事书中，英雄斗士比格尔斯运用逻辑解释了自己不惧危险的原因：

> 当你在飞翔的时候，所有事情要么正常，要么就不正常。如果正常，就没有必要去担心。如果不正常，左右不过是会发生以下两种情况中的一种：要么坠机，要么不会坠机。如果不会坠机，你就没有必要去担心。如果真的坠机了，左右不过是会发生以下两种情况中的一种：要么受伤，要么不会受伤。如果不会受伤，你就没有必要去担心。如果真的受伤了，左右不过是会发生以下两种情况中的一种：要么能康复，要么不能康复。如果能康复，你就没有必要去担

心。如果不能康复，你担心了也没用。

（W.E.约翰斯，《喷火游行》[Spitfire Parade]，1941）

这种解释听起来很有用，哲学家们一直试图把复杂的道德问题简化成逻辑形式，以便更好地加以阐述。如果能够做到这一点，那么用机器——比如一台电脑——就能更快地列出各种可能的排列置换，从而给出条理清晰的答案。莱布尼茨的确构想过这样一种计算装置，梦想着有一天，哲学家们能告诉大家，"来，我们来计算一下"，而不必因为那些问题争论不休。

第一步是把问题转化为形式逻辑的语言，这要遵循很久以前，亚里士多德提出的某些"推理规则"。存在一些实际操作方面的问题，也存在一些理论方面的问题。特别是为了获得逻辑形式，在刚开始的时候就必须假设好要得出的最终结论。无论如何，逻辑学家们仍然继续着他们那些错综复杂、难以理解的语言杂技。

虽然在刚开始的时候，这种尝试并没有遭遇什么困难，但是一些稍显荒唐的结果已经出现了。第一种就是，任何前提不一致的论证在逻辑上都是合理的，不管这个论证的结论究竟如何。例如，

狗通常都有尾巴

有些狗没有尾巴

月亮是绿奶酪做成的

这个例子就是哲学上有逻辑意义的论证。

"狗通常都有尾巴"是第一个前提,第二个前提是"有些狗没有尾巴"。然后是逻辑上的结论,"月亮是绿奶酪做成的",因为从不一致的前提中可以得出任何结论。这是因为两个前提正确,而结论错误的情况不存在(只有这样,推论才是"不成立的"),也不会有前提都正确的情况。(有时候前提不一致可能没那么明显!)

另一个逻辑上很奇怪的例子是,有一个正确结论的论证。

钱长在树上

土豆人王国的国王喜欢钱

钱是好东西,也是坏东西,或者都不是

……从逻辑上来看也完全"合理"。

这里不论前提是什么,论证都是合理的。因为没有一种结论错误,而前提正确的情况,但结论本身不可能错误。因此,如果我们的结论是,"钱是好东西,也是坏东西,或者都不是",那么我们就可以使用这样的证据,"钱长在树上"和"土豆人王国的国王喜欢钱",且我们的论证仍然"合理"。

"如果猫能飞,那么狗就能开车"也是完全合理的推论,因为错误的陈述可以接上任何陈述。只有出现"第一个"陈述正确,而"第二个"陈述错误的情况,才能说推论错误,而这里并不符合这样的情况。

所以,在逻辑上合理的推论并不能完全保证指向正确的结论,甚至可能会极具误导性。

问题95：痛苦有益

确实有人提出了不同的看法：哲学家乔尔·范伯格曾写道：

> 无人敢问："痛苦到底有什么不对？"我偏要提。我在此郑重声明，我不觉得痛苦有什么不对。经过进化的层层磨砺，痛苦可以说是用来传递重要生物信息的一种绝妙途径。

达尔文肯定会说，和死亡一样，痛苦和焦虑都是生命的一部分，除非破坏掉整个自然系统，否则就无法将其消除。如果自然这个整体是有益的，那么死亡和痛苦就也是有益的。这不禁让我们想起了加勒特·哈丁，如今贫困人口已达数十亿的问题该如何应对？他的救生艇思想实验提供了一个毫无吸引力的解决方案——淹死他们！

问题96：贪婪有益

貌似他们都该尽量多赚钱。1776年，美国正式独立；同年出版的《国富论》(*An Inquiry into the Nature and Causes of the Wealth of Nations*)受到了强烈的追捧。正如亚当·斯密在该书中所言，世人不仅想要探索金钱的本质，还想知道获取更多金钱的方法：

我们能享用晚餐，并非因为屠夫、酿酒师或面包师的仁慈，而是由于他们自利的打算。我们不是乞求他们的仁慈，而是诉诸他们的自利之心。我们从不谈自己的需要，只谈对他们的好处。

毕竟，"除了乞丐之外，没有人依靠着同胞们的好心生活"。并且：

即便是乞丐，也并非完全依赖于他人的仁慈。……他的大部分日常需要都会通过和其他人一样的方式，即契约、交换和购买，来获得满足。他可以用别人施予的金钱购买食物，用别人给的旧衣服交换更合身的衣服，或是换取住所、食物和金钱。

他也可以去换酒喝、换毒品，或是随便什么。总之，兜兜转转，乞丐总是处于巨大的"循环之轮"——现代经济的货币循环中。

认为金钱是好东西的不只有亚当·斯密。亚里士多德也是追求金钱富裕的一员。在他看来，不仅赚钱是美德，拥有金钱就是一种美德。另一方面，相比亚当·斯密或新教徒，亚里士多德还更热衷于花钱。众所周知，他崇拜的"大方的人"，就是"那种拥有美丽而无用的东西，而非有价值且实用的东西的人：这更符合自我满足的形象"。亚里士多德在《尼各马可伦理学》(*Nicomachean Ethics*)中解释说，大方的人尤其以自己的身份为傲：

> 大笔的花费对那些自己挣得，或从祖辈和亲戚那里继承了相当数目财产的人来说很正常，对那些有地位有名望等的人来说也很正常；因为这些东西会给他们带来荣耀和声望。所以，大方的人基本上就是这样一些人，大方的品质也会表现在这样的大笔花费上。

即便如此，也存在道德上的考量：

345

大方的人不是为他自己而铺张，而是为了公众的目的花钱，他的礼品和祭品有点儿类似。大方的人也要以与其拥有的财产相称的方式建造住宅（因为一幢住宅也是一件公开的饰物）。他愿意把钱花在那些恒久的事物上（因为这样的事物最美丽），而且在每个方面花的钱都要相称；因为给神的祭品不应和给人的礼品一样，修建神殿的费用也不应和修建坟墓的费用一样。

当然，和其他美德的标准一样，有钱也要以平衡适度的方式体现：

> 大方的人就是这样；像前面说过的那样，做得过头的那些粗俗的人，总是会过度消费。因为他把大笔大笔的钱花在了微不足道的物件上，毫无品味地炫耀；比如说，用婚宴的规格招待俱乐部朋友，或是给一个喜剧中的合唱队准备紫色长袍，就像麦加拉人做的那样。他做这些不是为了彰显高尚，而是想炫耀自己的富有，因为他认为，人们会因此而崇拜他。他在该多花钱的地方花得极少，在不该多花钱的地方却花得极多。另一方面，吝啬的人无论哪件事都做得不够好。花了一大笔钱之后，他就会因为一点小事而把事情搞

砸。他无论做什么都会犹豫不决，总要考虑怎样才能花最少的钱，即便花了很少的钱也会唉声叹气，觉得自己背负了太多。

颇具讽刺意味的是，尽管亚当·斯密教授算得上是有史以来最伟大的金钱拥趸者，在苏格兰哲学界也声名显赫，但他却是个吝啬鬼。

当然，亚里士多德和柏拉图都不希望将金钱视为通往道德之门的钥匙。柏拉图在《理想国》中尖锐地将其斥为"达成目标的一种手段"。亚当·斯密对此深表赞同，他指出：

> 我们追求财富而避免贫困，主要就是因为人类情感的趋向。这个世界上所有的辛苦和忙碌是为了什么？贪婪和野心，追求财富、权利和优越地位的目的又是什么？……引人注目、被人关心、得到同情、自我满足、博得赞许，都是我们根据这个目的所能谋求到的利益。吸引我们的是虚荣，而非安逸或快乐……

作为自利行为的产物，金钱只有在社会中才具有价值。亚当·斯密也给出了道德的"心理学"理由，他认为，道德和金钱一样，是社会生活的副产品，且为社会生活所特有。

他列举了一个类似于《鲁滨孙漂流记》的例子：

> 如果一个人自小在偏僻之地长大，从未与其他人类接触过，那么他对自己的性格、自己的情感和行为适当还是有失，自己心灵是美好还是有所缺陷，长相是美还是丑……都没有概念。而一旦把他带入社会中，他就拥有了一面镜子……

正如亚当·斯密反复强调的那样，富有最为高尚，贫困最为可耻。不过，他也保留了一线希望——因为他认为，在"涓滴效应"（经济学名词）的作用下，财富会向下层分散：

> 富人的消费量和穷人相差无几，尽管他们天性自私、贪婪，尽管他们只图自己方便，尽管他们会雇佣千百人来为自己劳动，仅仅是为了满足自己无聊而又贪得无厌的欲望，但他们还是和穷人分享了所作一切改良的成果。在一只看不见的手的引导下，他们对生活必需品作出了几乎和土地在平均分配给全体居民的情况下，所能作出的同样的分配。
>
> （《道德情操论》）

引发欧洲工业革命的重大发现并非蒸汽机、印刷机或其他技术革新之类的机械发明，而是德国的一位牧师提出的神学发现。柏拉图对世俗概念下的成功颇为蔑视，企业家们深受其苦，是马丁·路德提倡的新教职业道德将他们解放了出来，并让他们确信，自己的成功是上帝的恩赐。赚钱的确是件神圣的事！

问题97：睡眠问题

哲学家们一直都对人们在睡着的时候能做些什么的问题很感兴趣。这不是因为大多数人会花费更多的时间睡觉，而不去听哲学论辩——也确实有人会边听边睡——而是因为在睡眠状态中，灵魂是自由的，仿佛摆脱了尘世的经验束缚，可以自由自在地吸收哲学真理。正如康德在《实践理性批判》中所说，"在沉睡中，最完美的心智或许可以在理性的思考中获得"。另一方面，就像圣托马斯指出的那样，"如果一个人在沉睡中做演绎推理，那么等他醒来之后，肯定会发现推理的某个方面存在错误"。苏格拉底也曾问过格劳孔："梦不就是把现实的表象误认作现实本身吗？"

在《哲学研究》中，维特根斯坦也认为，在睡梦中获得的知识不可靠，因为睡梦中的记忆可能出现偏差。所以，当人们进入睡眠状态时，他们能做些什么？能回答简单的问题吗？

亚里士多德认为，睡着的人可以区分出一个人和一匹马，丑和美，白与非白（见《形而上学》，485b）。笛卡尔在《方法谈》中表示，"我们清醒时有过的想法和念头也会出现在我们的睡梦中"。同样，他在一封信中写道："我有充分的理由证明，人的灵魂在任何情况下都有意识，甚至还在母亲体内的时候就是如此。"近些年，弗洛伊德在《精神分析概要》(*A General Introduction to Psychoanalysis*，1943)中也提出，"梦是心智对睡眠时所受刺激的一种反应模式"。

而笛卡尔在《沉思录》中说，因为上帝"绝对正确，且不会犯错"，所以一个有理性的人仍能区分从梦境中获得的错误信息和我们对现实世界的正确认知。莱布尼茨和罗素都不认同他的观点。莱布尼茨说，"从形而上学的角度来看，梦可能像人的生命一样连续且持久"。或许，就像一只蝴蝶的生命那样吧。中国古代圣贤庄子就曾说过蝴蝶与梦（见问题69：相对问题的讨论）。

诺曼·马尔科姆是维特根斯坦（为数不多）的朋友之一，他在《梦》(*Dreaming*，1959)这本书中指出，说"我睡着了"或许就像说"我死了"一样——是毫无意义、自相矛盾的废话。在火车上说"我醒着"的乘客不可信，因为相反的说法——"我睡着了"——毫无意义，它的否定形式也没有任何意义。诺曼·马尔科姆继续写道："当然，也不能说你通过观察得知自己醒着，因为如果这句话成立，那么也可以说，通过观察，证明你不是醒着的。"

问题98：睡觉的人

哲学家约翰·洛克（1632—1704）用这个巧妙的例子阐述了一个复杂的问题：我们是否真的拥有选择的自由？又或者，我们的行为是否真的是由某些因素，比如基因、社会压力或物质条件所"决定"的？有一个很好的样例，是有位老师要让孩子们了解，阅读革命领袖文章的重要性。孩子们或许会因为觉得领袖的文章很重要，或是担心如果自己不照做的话，可能会被学校开除，从而选择去阅读。究竟是出于哪一种原因，真的很难判断！以赛亚·柏林（1909—1997）在那篇晦涩难懂的论文——《自由的两个概念》——中讨论了这个问题。他针对两种自由进行了对比，一种是"消极自由"，即没有真正的限制（门其实没有上锁），这是自由主义者所关心的，约翰·斯图尔特·穆勒在《论自由》中也进行了阐述；另一种是"积极自由"，这是古老的斯多葛学派学者所关心的，即努力有所不为，这也是上文那个睡觉的人所获得的东西。（柏林对这两种自由均持反对态度。）

问题99：简单的宇宙

说空间和时间的流动不仅具有"相对性"，而且虚无缥缈，这实在令人难以接受。说时间本身并不存在，这就更荒谬了。如果真是这样，我们每天的日程安排不就是在胡扯吗？

不过，从另一种角度出发，过去、现在和将来的关系本身就很奇怪。美国的火险调查员本杰明·李·沃尔夫（他也是位哲学家兼人类学家）认为，另外的语言传统对现实的理解更深入，因为在它们的世界里，只存在两种状态——是与成为。但从我们个人的角度来说，相比于被困在"无限短暂的当下"，时间之河从虚无中喷涌而出，汇聚成深不可测的过去之湖，且根本没有未来的说法，短暂存在的"一维"宇宙也没那么难以接受……唯一的不同在于，光粒子充斥着整个宇宙，（无论是过去、现在还是将来）无所不能及。（换个思路，因为我们也只是能量粒子旅程中的一部分，所以我们也无所不能及……)

"简单的宇宙"这一理论认为（基于数学"时空"图表中的"世界线"），宇宙只是一张纸上的一个点。该理论对一些显而易见的悖论做出了阐释，比如哲学家们从物理学中借用的一个悖论："两个"粒子是如何瞬间发现另外一个粒子穿过了一条缝的（因为实际上，它们就是同一个粒子）？该理论也可以用来解释某些东西（宇宙）从无到有的过程——因为宇宙已经缩减成不含时间和空间属性的能量点了。

问题100：哲学问题的问题（尚未解决）

或者，这是个关于存在的问题？是一个"概念眼镜"问题（有些哲学家这么认为——另外一些哲学家则认为，"概念障碍物"一词可能更合适），这种眼镜让我们看见的东西都有了颜色，使之发生歪曲或披上了伪装？

柏拉图和大多数的古希腊哲学家肯定不会这么认为。他们觉得，随意地讨论没有人知道答案的问题，也不想着去寻找答案，是人类这种"理性动物"最高尚的活动之一。当然，他们必须得依靠奴隶社会为他们创造闲暇时间，让他们成为从事哲理思辨的阶级。东方圣贤和僧侣的传统含有的剥削性较弱，但同样不务实际。事实上，大部分希腊哲学思想都源自这种神秘的传统，包括和谐、灵魂和轮回转世的观念。

哲学家孔狄亚克（1715—1780）讲述了这样一个故事。想象一下，你从沉睡中醒来，发现自己和其他一些人身处在一个迷宫里，他们正在争论找到出路的一般原则是什么。孔狄亚克惊呼，这太荒唐了！然而，这就是哲学家们在做的事情。他的结论是："首先要知道我们身在何处，而不要过早地以为我们已经走出了迷宫。"

这个问题还表明，最好的方法是实施行动，而不是光思考。现在我们需要行动，进行创造，获得成就。如今，我们解决世界中的实际问题时，使用的是比我们的身体和大脑更好用的机器。毕竟，没有人能仅凭着思考致富。

哲学也在与时俱进。19世纪和20世纪在技术革新方面取得了重大突破，也因此带来了新的哲学运动——两次世界大战之间产生的维也纳学派的逻辑实证主义。该学派的加入条件是，必须同意，任何人说的话必须都能用科学的"证明"程序加以证实，否则就是毫无意义的话。当然，哲学家仍然非常重要，因为他们能够将已经得到证实的和尚未得到证实的说法，以恰当且合乎逻辑的方式表达出来。

学派的"中心人物"莫里茨·石里克抨击了这样一种观点，即"最终的，或许是最重要的真理"是我们永远都看不到的，"解开宇宙之谜的钥匙已被彻底埋藏"。他在1936年《哲学》杂志的一篇文章中这样表达了自己的观点，他同意，有些问题确实无法解答：

> 我们有充足的理由可以相信，问一些任何人都不知道

答案的问题是很容易的。柏拉图在他50岁生日的那天早晨8点做了什么？荷马写下《伊利亚特》的第一行时，他的体重是多少？月球的另一边有没有一块3英寸长，形状像鱼的银块？显然，没有人能知道这些问题的答案，无论他们多么努力地尝试。但与此同时，我们也知道，人们永远不会努力去寻找这些问题的答案。他们会说，这些问题并不重要，没有哲学家会在意这些问题，也没有历史学家或博物学家会在意自己是否知道这些问题的答案。

然而，遗憾的是，石里克继续说道，他担心有些最重要的哲学问题也通常会被视为无法解决的问题：要么是原则上无法给出"符合逻辑"的答案，要么是由于实际困难而无法"根据实际经验"给出答案。但实际上，不会有凭借逻辑无法解答的问题。若是那样的话，就意味着无法指明问题的意义，而没有意义的问题本身就不是个问题，只是"一连串无意义的词语后面加上一个问号"而已。

因此，石里克教授掷地有声地总结道，当哲学家用这样一些话来扰乱我们的思维，比如"时间的本质是什么？"或"我们能知道什么是绝对吗？"而又"不用严谨、准确的解释和定义来解释它们的意思"，那么没有人能回答也就不足为奇了。"这就像是他们在问我们：'哲学有多重？'这根本就不是个问题，纯粹是句废话。"

由此可见，逻辑实证主义者的方法至少在意识形态上受到了苏格兰哲学家大卫·休谟的影响，他虽不是很受欢迎，但却相当狡猾。200多年前，休谟在《人类理智研究》(1748)中就写道：

> 如果我们拿起一本神学的书，或者一本形而上学的书，请看看书里有没有关于量或数的抽象推理？没有。有没有关于事物和存在的实验推理？没有。那就把它扔进火堆里吧。因为它除了诡辩和幻想之外，什么内容都没有。

这似乎有点令人尴尬，尤其是，本书也属于他说的这一种。

问题 101:存在的问题

过去,人们普遍认为,解决存在的问题应当是教会的职责,但如今,像"生活的意义是什么?"这样的问题常常会出现在很多哲学科目的考试中,有时也可以让人稍稍轻松一下。然而,这样的问题竟也非常现实地出现在了医学伦理中,在慢性病患者或高龄患者身上尤其普遍。这似乎很讽刺,但对很多人来说,唯一严肃思考生命意义的时候,就是生命即将结束的时候。

那么生命的意义到底是什么呢?叔本华确信自己找到了答案,那就是性。但他说的性并非性本身。他的意思是,生命的答案存在于性的动机之中,在这种动机的作用下,我们的基因密码在千万年的进化过程中得以成功复制。在《作为意志和表象的世界》(*The World as Will and Representation*)一书中,他写道:

> 地球从白天转动到黑夜；个体死亡；但太阳却永不停歇地燃烧着，永远都处于全盛阶段。生命对有生存意志的人来说是确定的；生命的形式就是无止境的现在；个人和纷繁的思想如同转瞬即逝的梦境一般，出现又消失，其实都并不重要。

现今的许多作家都在用不同的话术重复阐述这个理论，总是希望能表现得更纯粹、更科学。有位作家（斯图亚特·考夫曼）说，其意义在于"自我繁殖并至少形成一个热动力周期"，不过，我们也并不一定要这样做。还有一些其他的选择，有些非常唯物主义，有些非常理想主义。后者的说法是，生活就是要追求真善美，并逐渐认识真善美。苏格拉底就是这么教导学生的。从某种程度上来说，这本书所有的问题也是以此为核心展开讨论的。与此同时，一些东方哲学家告诫我们，这些也只不过是些"概念"，缺乏最终的真实性。然而，更多的人，包括一些古希腊人，都更倾向于唯物主义的答案——诸如生命在于"追求快乐""发财致富""主宰世界"之类的。但是如果生活在于"追求幸福"，我们又不是很幸福的话，该怎么解释？我们之中的大多数人，在大多数情况下，似乎都没那么幸福。克劳顿的菲洛劳斯（约前479—前390）在《杂记》(*Miscellanies*)中悲观地写道，灵魂附着在肉体之中是一种惩罚，它"被禁锢在身体里，就像在坟墓中一样"。另一方面，佛教就很现实：吃饭和睡觉都被视为生命的一部分，并且非常重要，不过，个人还是要努力学会在必要时扛住挑战。对佛教徒来说，生命、宇宙和万物的意义就在于生命、宇宙和万物本身。

所有这些解释似乎都把我们打回了那个令人讨厌的真理中，即人类的存在根本没有任何意义。或者只是如T.S.艾略特在充满焦虑的后现代主义作品《鸡尾酒会》(*The Cocktail Party*)中所写，存在就是为了活下去？早在公元前1世纪，提多·卢克莱修·卡鲁斯就告诫过我们，不要忘记，财富累积和快乐都有限度，不要让"恶意的不满"胡作非为，把"生活扫向大海"。

或许我们不该继续因为存在的问题而烦恼。不过，如果存在确实没有意义，我们为何会有如此强烈的生物本能去避免死亡？不仅如此，当亲近的人（至少有一些人）死去的时候，我们又为何会如此悲伤？

那些提出科学解释（比如基因论）的人（他们不愿自称为哲学家）其实并没有解释任何东西。他们只是对生物的机制进行了描述。用光刺激视网膜的受体来解释我们是如何看到东西的，只是把我们为何能看到东西的问题搬运了一通。（为何视网膜的受体受刺激，我们就能看见东西了？）用存在是为了繁衍来解释人类存在的目的,也只不过是单纯地描述了人类存在的机制。你也可以说,活着的目的就是为了吃东西。(这几乎又把我们带回了佛教所说的……)这样的问题才是哲学所要研究的问题。并且,这些问题能让我们觉察到那可怕的深渊,那充满了未知的寂静深渊——希望我们不会坠身其中。毕竟,如果我们不在这里,宇宙也将不会存在了。

还是,它仍将存在?

词汇表

这是一份(基本)按字母顺序排列的词汇表,提到的都是本书中出现过的术语和人名。由于附带了相关背景知识,因此可以作为哲学"工具箱"使用。本词汇表既非全面性的介绍,也不能保证绝对的客观公正。若是想要深入研究,可以自行阅读书尾"阅读指南"中提到的相关书籍。

哲学(Philosophy)

哲学是本书的主题。这个词有时会被错误地定义为"智慧之爱",因为在希腊语中,philia的意思是爱,sophia的意思是智慧。有人认为,哲学起源于公元前几世纪的古希腊,这其实忽视了印度和中国传统文化中的真知灼见。不过,如果暂且接受对哲学的狭义解释,那么将其定义为"矛盾之爱"可能更加准确。从"是/不是"的基本判断开始(这是东方哲学的核心内容），通过人为的严格区分，最终提炼出了这些矛盾。事实上，哲学家喜欢把任何事物一分为二。从"是/不是"，到"真/假""善/恶"，再到如今语言哲学的种种乏善可陈的区别："主语/谓语""客观/主观""正式/非正式""内容/语境"等。谓语还可以和命题连用，诸如此类。柏拉图把擅用文字游戏迷惑别人的人称为"诡辩家"，哲学也可被定义为"诡辩之爱"。但哲学这个词还有另一层含义，即探索价值观和人生意义。

应用哲学（Applied Philosophy）

应用哲学指运用哲学方法解决需要特定答案的实际问题——比如说，因分配医疗资源而引发的问题，环境与人类需要之间的矛盾，企业经营与获取利润之间的冲突，等等。许多较真且严肃的哲学家都认为，应用哲学"并非真正的哲学"。对他们来说，哲学讨论的问题应当离日常生活越远越好。但是，这样的态度会导致一些奇怪的后果。举个例子，有一场引人注目的讨论（起源于1957年美国民权运动发展到高潮时出版，1984年再版的一本书），主题为"所有黑人都是人"。讨论者显然没有意识到这一主题对黑人的冒犯性。约翰·帕斯莫尔（John Passmore）引用19世纪著名"唯心主义者"弗兰西斯·赫伯特·布拉德莱（Francis Herbert Bradley）的话，一针见血地指出，该命题似乎是在声称，"这样的评判是将理想的内容归于现实的符号系统"。他还指出：

> "所有黑人都是人"的命题说明了这样一个现实，即黑人是人。它之所以成为命题，是讨论者把一个谓语归于一种单一的现实，尽管该谓语本身具有多样性。所有命题最终都有着相同的形式——表明现实的理想化内容。[1]

帕斯莫尔是在讽刺吗？我不知道。在那片土地上，土著"黑人"（移民就是这么称呼土著的）无法获得住房、医疗甚至供水这类的基本社区设施保障，他们靠劳动获得的一切报酬都会被当地委员会扣下（所谓的"托管"），他们的孩子可以被强制收养。当然，他们也没有投票权。作为一名澳大利亚哲学家，帕斯莫尔不可能对此有切身的体会。既然有的哲学完全脱离于现实世界，那么应用哲学回归到更关注现实的哲学传统之中，自然会受到人们的欢迎。

---

[1] 约翰·帕斯莫尔，《哲学100年》（*A Hundred Years of Philosophy*），企鹅出版社，1957年出版，1984年再版，第158—159页。

亚里士多德(Aristotle)

亚里士多德出生于公元前384年,恰好能与柏拉图相识。他秉持着极大的热情,致力于对各种学科的研究。亚里士多德的大量著作都保存了下来,在历史上影响颇为深远。但他还写了很多东西,包括模仿导师柏拉图的风格写的一些生动有趣的对话体作品,这些都没能保存下来,只留下了后人收集的一些枯燥的笔记和理论。无论如何,整个中世纪都没有任何思想家具有这么大的影响力。仅在13世纪,就颁布了5项针对亚里士多德的教皇禁令。

亚里士多德和其他希腊哲学家都没有把科学与哲学研究区分开来。亚里士多德对观察自然特别感兴趣,他的生物学研究成果也受到了达尔文等人的推崇。亚里士多德还影响到了后来的研究,他认为生物体都有其功能,会努力达到某种目的,自然界并非杂乱无序。植物的枝条弯向太阳,说明植物是在"寻找阳光"。他认为,人类的功能是运用理性,这也是人类比动物界内其他动物更高级的原因——"人是有理智的动物"。这种观点与那些生物学家及科学家的观点相反,他们试图用"机制"来解释事物,好像"机制"真能解释一切似的。

人们普遍认为,亚里士多德最伟大的成就是他提出的推理法则——形式逻辑。尽管在一定意义上，形式逻辑并非哲学，但它常常（我认为是错误的）被视为哲学的核心。和同时代的很多哲学家一样，亚里士多德认为，逻辑是哲学进步的关键。总而言之，他的关键"思想法则"是：

- 是什么就是什么（同一律）；
- 不可能是又不是（非矛盾律）；
- 要么是，要么不是（排中律）。

当然，没有人会赞同这些"定律"，但在谈话中，这些定律似乎都很有说服力。亚里士多德的思想影响深远，其中就包括基督教教义中的宇宙观念，即地球是宇宙的中心，且绝对静止不动。他认为，宇宙在时间上没有始发点（如果有，那一定非常突然、出人意料），且在空间上是有限的，是一个完美和谐的旋转球体装置。月亮就在旁边，天空在外层。事实上，大部分的科学历史都在反驳亚里士多德的观察所得。可能是因为伯特兰·罗素是个逻辑学家，所以他并没有对大师有太多关注，只是在《思想垃圾概论》（*An Outline of Intellectual Rubbish*）中写道：

> 亚里士多德尽管声名远扬，但他的观点却充满了谬误。

他说，应该在冬天怀孕，因为那时刮的是北风；如果人结婚得太早，生出来的就会是女孩。他还说，女人的血比男人的血黑；猪是唯一会得麻疹的动物；如果大象饱受失眠之苦，就要用盐、橄榄油和温水揉搓它的肩膀；女人比男人牙齿少；等等。就算是这样，大多数哲学家竟然还是把他视为智慧的典范。

贝克莱主教（Berkeley）

乔治·贝克莱主教（1685—1753）在《人类知识原理》（*The Principles of Human Knowledge*）中写道：

> 总的来说，我倾向于认为，迄今为止，那些让哲学家饶有兴趣却又阻碍人们获得知识的困难，即使不是全部，很大一部分也都是由我们自己造成的——是我们先弄得尘土飞扬，然后还抱怨自己看不见东西。

这位优秀的主教开创了一个理论，"存在即是被感知"；换句话说，任何事物都仅仅是通过有意识的人的感知而存在的。比如，在森林中的一棵树，如果周围没有人，那么这棵树就不存在。他认为，上帝总是能够感知一切事物。在他看来，这是一个非常有分量的论点。

贝克莱主教最具影响力的观点是，完全有理由认为只有意识和心理感受才可以存在。黑格尔和后来的哲学家也接纳了这种观点。

颜色（Colours）

可怜的古老的颜色——总是"主观的"，总是在哲学知识体系中处于次要地位，总是在"形状""范围""大小"甚至"重量"（这必然是很主观的……）之后，人们才会讨论到颜色。

有些时候，人们会将对颜色的感知与对"痛苦"或快乐的感知、味觉或嗅觉进行比较。在确定颜色的地位时，有些哲学家会否认颜色的存在。事物看起来是有颜色的，但这只是一种假象。另一种观点是，事物看起来是有颜色的，但这只是对观察者而言。雪是白色的，只是因为看到它的人认为它是白色的。最后，还有一种补充观点，即事物确实是有颜色的，因为事物具有一定的"物质特性"，我们能像感知重量一样，感知到这种特性，等等。

颜色的确切地位和性质也许能够解释，为什么大卫·休谟（David Hume）会在关于蓝色的思想实验中陷入困惑。休

谟"假设有些人看见过很多种颜色,但从未有人看见过特定的一种蓝色"。他指出:

> 除了那种蓝色之外,把不同色度的蓝色由深至浅依次排列,观察者会觉察到,那种蓝色原本应该存在的地方有所空缺。因为缺少了那种蓝色,所以那块区域的色差要比其他区域的色差大。

这种颜色可能会自动"显现",这可能吗?即便"它从未被感官发现"?

休谟认为,"简单的思想",比如"蓝色",必然"来自经验"。这个实验似乎打破了休谟理论的合理性。这种令人不快的可能性让休谟放弃了自己的思想实验,表示它太过"特殊且个别",不值得为此就放弃先前那项完美的理论。(相反,我们应该坚信"色板错觉"。)

笛卡尔(Descartes)

16世纪末期(1596年),勒内·笛卡尔出生于法国普瓦捷。他先就读于一间耶稣会学校,后来又进入了大学。在柏拉图思想盛行的时代,他加入军队,以此完成了他的学业。

随军入驻荷兰期间,他做了两个梦,在梦中窥见了"打开科学宝藏的真理精神",即用演绎法解决数学问题,比如代数中的方程,特别是几何问题,甚至其他任何问题。

笛卡尔是一位大师级数学家,他是第一个发现如何用坐标几何方程式描述几何图形的数学家,这也就是后来广为人知的笛卡尔几何。在哲学方面,他最重要的著作是《方法论》(*Discourse on Method*,1637)和《第一哲学沉思集》(*Meditations*,1641)。

然而,笛卡尔作出了一项非常令人遗憾的决定,即接受瑞典女王的邀请,做她的私人教师,因此不得不离开他所深爱的荷兰。在荷兰时,他喜欢整天坐在带有石头壁炉的房间里冥想;而在寒冷的瑞典,女王喜欢在清晨五六点天刚亮的时候,和他讨论哲学问题。虽然苏格拉底很喜欢在雪地里冥想,笛卡尔却很不适应这种新的生活方式。仅仅不到一年,他就因感冒不治去世了。

笛卡尔被视为现代哲学的奠基人,是自亚里士多德之后,首个从第一原理看世界的哲学家。此外,他的著作风格新颖,且有意识地想让尽可能多的读者看懂——他每次都会推出两个版本,一种是拉丁语版,这是当时的规范;另一种是法语版,面向大众。笛卡尔使哲学成为社会生活的一部分,但后来,康德又把哲学变成了只有专业人士才能看懂的独白。

爱因斯坦（Einstein）

阿尔伯特·爱因斯坦（1879—1955）通常不会被视为一位哲学家，但实际上他是。爱因斯坦进行了思想实验，在接下来的60多年时间里，科学家们都在用精密的（通常也非常昂贵）机械设备检测他的实验成果。人们通常认为，他把一切事物都看成是"相对的"，这已经成了当今政治和道德相对论者的一个信手拈来的借口。但事实上，爱因斯坦感兴趣的不是相对的事物，而是绝对且不变的、能够贯穿整个宇宙和时空的事物，他甚至想过把狭义和广义相对论改名为"恒定性理论"。

爱因斯坦认为，光速是绝对的，且所有电磁能（比如无线电波或X射线）也是一样。为此，他只好牺牲绝对时间和绝对空间的概念，创造出"时空"（受引力和加速度——相对运动的影响）的概念。不过，他绝不是首个提出这一概念的人。古希腊人和数个世纪以来的哲学家们在空间和时间的相互关系方面，也给出了极其相似的说法。圣奥古斯丁认为，时间依赖于"观察者"的存在，戈特弗里德·莱布尼茨则特别反对绝对空间或绝对时间的观点，认为它会引发有关宇宙起源的问题。

欧几里得（Euclid）

欧几里得不是发明了几何学，而是发现了能够证明几何学的一套数学体系。因此，学生在数学课堂上受的苦，基本都算是他的罪过。欧几里得的公理以古埃及理论为基础，只提出了建立几何学的5个必要假设。它们是：

1.与同一事物相等的多个事物彼此相等。
2.等量加等量，总量仍相等。
3.等量减等量，余量仍相等。
4.彼此重合的事物相等。
5.整体大于部分。

如果你不明白这些，你也不会喜欢相关证明。欧几里得的方法是，先提出假设，再加以证明，用"已经证明过的事情"进一步得出新的证明，且只引用证明的序号。后来的一众哲学家，特别是斯宾诺莎和维特根斯坦，都对这种方法很感兴趣。

弗雷格（Frege）

戈特洛布·弗雷格（1848—1925）曾提出过这样的问题：像-1或0这样的数字，怎样才会与饼干盒里的饼干数量产生联系？他得出的结论是，数字一定是指概念，而非事物。他和稍晚时期的罗素一样，试图把数学建立在逻辑的基础上，并在此过程中建立了一套几乎无人能懂的新符号，被认为是一项了不起的成就。弗雷格把他的数学把戏进一步应用在了对名词和整个句子的分析中，发现了两种类型的意义：其一是意义，源自德语"Sinn"一词；其二是意指，源自德语"Bedeutung"一词。（哲学上一个由来已久的例子是"启明星"和"长庚星"，指的都是金星。最开始的时候，人们认为这是两颗不同的星星，所以这两个名称的"意义"并不相同。）Sinn是指名词或句子的"意义"，Bedeutung则表示所指的东西是什么（以及德语中的……意义）。

德语哲学著作（German language philosophy）

用德语写成的哲学著作总是相当古怪——甚至有些神秘。哲学新手都很乐于钻研柏拉图、亚里士多德以及古代英国哲学家的著作，继而热衷于阅读一些法国和荷兰哲学家的著作。

非专业人士则会认为中国、印度和非洲的哲学很奇特，但最终还是可以弄得明白。那么德国哲学——黑格尔、康德、胡塞尔等人的著作呢？这些书不仅篇幅长字数多，而且内容十分晦涩，令人费解。1781年，康德著作《纯粹理性批判》(*The Critique of Pure Reason*)的英文译者可怜兮兮地在"致歉"序言中写道：

> 他（康德）从未学过表达的艺术。频繁的重复使人厌倦。他以最笨拙的方式，用大量词汇表达原本几句话就能说清楚的事情。

听听吧！这个译者并未就此打住。他总结说，康德的著作：

> 语句中的主要陈述都过于累赘，用了太多解释性从句，把读者引入了一个迷宫，而他自己也很难从这个迷宫中脱身。

难怪，德语哲学著作会给人留下长篇累牍、学问精深、枯燥乏味的印象。也许是语言本身决定的？毕竟，黑格尔也认为，德语中的抽象术语比其他任何语言都多，老学究马丁·海德格尔也断言，法国人要想作哲学思考，就必须使用德语，因为德语和古希腊语最为相似。

不管这样的说法是否正确（看起来不太可能），莱布尼茨认为，德语具有非凡的感染力和比喻力——他却选择用法语或拉丁语写作。

休谟（Hume）

大卫·休谟（1711—1776）和贝克莱主教一样，在30岁之前发表了其最重要的两部著作：《人性论》（*The Treatise on Human Nature*）和《人类理智研究》（*An Enquiry Concerning Human Understanding*）。1744年，他申请大学教授的职位，但没有成功。后来，他成了一个疯子的家庭教师；再后来，他又成了一位将军的秘书。

休谟把逻辑应用到哲学中，最终却发现对两者均无益处。在此方法下，他的第一个牺牲品是"意识"，也可以说是作为实体的"自我"。他发现，意识总是指对某些事物的意识，如热、冷等。所以，自我是一系列感觉的集合。没有人对"自我"有这种认识，他比贝克莱主教还要更进一步，后者认为不存在物质，因为连意识也不存在。休谟研究了因与果的概念，笛卡尔也十分热衷于研究这个问题。后者想使其系统化并确定下来,最终发现它只能产生不确定的知识。当我们看到一件事情总是接着另一件事情发生的时候,就会"推断"第二件事情是由第一件事情引发的。然而,"我们无法看透这一关系的原因"。举例来说,假如我们吃苹果,我们就会希望品尝到苹果的味道。要是一口咬下去,却尝到了香蕉的味道,我们就会觉得这不正常。休谟认为这是草率的想法。事实上,这是归纳问题的另一个方面。"未来与过去相似的假设并非建立在任何形式的论据之上,而是完全源自习惯。"

由此,我们可以得出结论,所有的知识都有缺陷,我们不能相信任何事情。休谟认识到了这一点,但是,他从一个绅士哲学家的角度建议说,"粗心和忽略"是一种补救的方法——我们应该忽略论据中的瑕疵,只要情况允许,就继续使用适合我们的推理。所以,哲学仅仅是一种消磨时间的好方法(总之,这是他的发现),而不是用来改变我们观点的理由。

康德(Kant)

伊曼努尔·康德(1724—1804)被视为现代最伟大的哲学家,这对于其他哲学家来说,一定说明了些什么。他是最早的有酬劳的哲学家——尽管他多少还是延续了早期哲学家的传统，会花时间讲授科学、研究哲学理论，甚至还会研究自然地理学。但他并不如笛卡尔和莱布尼茨等人博学，他的科学观点并不出众；举例来说，他认为，太阳系中的所有星球上都有智慧生命，星球离太阳越远，其上的生命就越富有智慧。他的理论既无科学支撑，也无哲学依据。

康德最著名的著作《纯粹理性批判》出版于1781年，（仍围绕着天文学）他认为该书是"哲学的哥白尼革命"。戴着科学帽子的康德表示，物质世界的确存在；但戴着哲学帽子的康德认为，我们永远无法直接感知到"物自体"，只能获得我们的感觉。物自体不是空间和时间的一部分，也不是物质，所以不能用任何常规的概念或"范畴"（如康德所说）来描述它们。这是因为空间和时间都是主观的，是我们感觉器官的一部分。打个比方，它们只是我们用来感知现实的眼镜。透过粉色的镜片，我们看到的一切就都是粉色的。因为我们总是戴着空间眼镜，所以我们总是从空间的角度看待一切事物。

"物自体"具有不可知性和主观性的一个好处是，它可以解释生命和宇宙中那些明显的矛盾（康德把这些问题概括为"先天综合"），也可以用来解释自由意志的可能性或不可能性，或是宇宙本身"自在"的问题（见问题28），还可以用来解释康德在著名的"二律背反"中提及的问题。我们所有的物理定律都不适用于"物自体"，至少从原则上来说，人类还是有可能拥有自由意志的（因为我们无论如何都不可能对它有认知）。

知识（Knowledge）

了解某种事物有很多不同的方式——你可以了解一个事实，认识一个朋友，也可以知道该怎样系鞋带。哲学家首先倾向于把知识的定义缩小，仅限于对事实的了解，然后严格地将其限制在重言式的表述范围内。笛卡尔把"清晰明确的"信念与其他信念区分开来，并将这些信念称为知识。牛津大学的语言哲学家J.L.奥斯丁则认为，当你认为自己知道某事物时，就是在保证它确实如此，是在做出一种特殊的承诺。

洛克（Locke）

1632年，约翰·洛克出生于英国萨默塞特，此后不久即爆发了英国内战。他是医生，是政治家，也是哲学家。人们通常认为，他就是美国宪法的哲学之父。

洛克也被认作"英国经验主义"的创始人，尽管在他之前，培根和霍布斯也坚持认为，经验在获得知识的过程中起关键作用。洛克的观点是，所有"与人类知识相关的内容"

要么是直接通过我们的感觉从物质世界收集而来，要么就是间接通过内省从我们的内部精神世界收集而来。洛克是这样说的：

> 所有那些高耸入云、直抵天际的思想都起源并立足于此；在很大程度上，尽管思想徘徊在那遥远得看似高深的思忖之中，但它丝毫也未脱离感觉和内省已提供给我们思索的那些理念。

洛克的思想影响深远。例如，洛克区分了事物的主要和次要性质。主要性质是基本的，不可分割，像是物体的坚实性、延伸性、静止或运动时的形状以及数量等。次要性质——颜色、气味、声音等——则正如洛克在《人类理解论》（*An Essay concerning Human Understanding*）第二卷中所指出的那样，"实际上"并非内在的，而是"使我们产生各种感觉的能力"。举例来说，火的次要性质就是引起疼痛。（在特定条件下，火也可以让人感到温暖。）疼痛不是火的主要性质，就像白色不是雪的主要性质一样。

戴着有色眼镜看事物，或是因为感冒等都可能导致对次要性质的判断错误。但正如乔治·贝克莱主教所说，人们对主要性质的判断也会出现错误。洛克认为物质世界仅包含运动的物质，这种观点已经成为声音、热、光和电相关理论的基础。甚至时至今日，即使量子力学有着完全不同的运作原则，人们的许多认知仍立足于洛克的这一观点（无论其是否正确）。

从这一点来看，洛克不会有任何麻烦。他在一篇论述推理的文章中，反驳了所谓推理就是逻辑三段论演绎法的观点："上帝不会只让人成为有两条腿的生物，再让亚里士多德赋予其理性。"

逻辑（Logic）

有些哲学家会告诉你，逻辑是高级哲学，甚至可能"太高深了"，没办法和你解释清楚。千万别相信他们——根本不是那么回事。逻辑是观察世界的一种数学方法，与世界的真相几乎毫无关联，而是完全以你最初的假设为基础的。大量的经验证据——直觉证据就更不用提了——表明，把推理视为一种心理逻辑的观念是"错误的"，相反，人们在进行推理时，依靠的其实是思维定式和想象力。

尽管如此，哲学逻辑大多都以亚里士多德的推理规则为基础。在256种不同的可能论证类型中，如果从真实的假设出发，只有少数几种总能得出正确的结论。莱布尼茨认为，逻辑会使人类建造出一种能解决所有问题的机器（"来吧，我们算一下"）。自从计算机诞生以来，这样的幻想就变得更流行了。然而，逻辑也有其缺陷。其一就是，逻辑只能得出重言式。如果你想发现一些新事物，就绝对不能使用逻辑——它充其量只能帮你从一些混乱的事物中找出真实的事物。使用逻辑也可能有危险。正如G.K.切斯特顿在《正统教义》（*Orthodoxy*，1908）一书中所说，逻辑可以让正常人陷入自己的朦胧世界：

> 诗人不会发疯，但棋手会发疯。数学家会发疯，收银员会发疯；有创造性的艺术家却很少会发疯。我绝非在攻击逻辑；我只是想说，这种危险的确存在于逻辑之中，但却不会存在于想象之中。

形式逻辑本质上就是"演绎证明的科学"。形式逻辑及下面将要讨论的现代逻辑，只是说明像弗雷格和罗素这样的哲学家，在被问题4弄得心烦意乱时，都在做些什么。（也是为了提醒读者们，不要被那些试图用晦涩的形式论据使你晕头转向的人迷惑住！）

形式逻辑始于亚里士多德关于三段论（一个论点有两个前提，最后是结论；在中世纪，它们还有了名字，像是"芭芭拉"之类）的"先验分析"。三段论的一个例子是：

  所有A都是B
  所有C都是A
  所有C都是B

也可以举一个更直白的例子：

  所有苹果都长在树上
  所有金黄色的美食都是苹果
  所有金黄色的美食都长在树上

  推理的过程就是一次"论证"，论证要么合理，要么不合理，这取决于它们是否遵循了推理规则。这不是"真"或"假"的问题，真假是指是否符合事实，需要在考察过实际假设或前提之后才能决定。而论证是否合理，则需看它是否符合逻辑定律，在一定程度上，也就是推理定律，比如矛盾律和排中律。

  亚里士多德定义了四种"提法"：

  所有S都P

所有S都不是P

有些S是P

有些S不是P

这些提法在三段论中可以有多种不同的组合，全部加在一起就有256种三段论论证。其中的绝大部分都不合理，因此，亚里士多德只专注于那些合理的论证。但他是如何证明论证合理的呢？这就要看论证是否属于合理的形式，而不是看论证形式本身如何。然而，亚里士多德认为，所有推理过程都存在无法证明的起始点。他概念的核心是"不证自明"。不过，还有一个问题，即"对谁不证自明"？因此，"不证自明"是一种心理陈述，而非一种逻辑陈述。

与他的逻辑不同，亚里士多德假设存在前提的主语，如"所有的猫都有胡须"。后来的逻辑学家想要避免这个问题，就修改了说法：对任何X来说，如果该X是一只猫，那么该X就有胡须。这样的说法本身就使普通语言和逻辑之间产生了差别。

在所有的逻辑论证形式中，最著名的例子如下：

如果我学哲学，那么我就会变迟钝

我学了哲学

我变迟钝了

这是一次合理论证，被称为假言推理。但假如说：

　　如果我学哲学，那么我就会变迟钝
　　我变迟钝了
　　我学了哲学

就不合理。[1]这是个谬误，还有一个特殊的名称：肯定后件谬误。(在"如果……那么……"格式的陈述中，"如果"后面是前件，"那么"后面——具体发生的情况——是"后件"。)

另外一种合理论证的主要形式是否定式，例子有：

　　如果我学哲学，那么我就会变迟钝
　　我不迟钝
　　我没有学过哲学

人们通常认为，现代逻辑始于1879年，主要源自戈特洛

---

[1] 可能有其他原因导致了我变迟钝。

布·弗雷格（1846—1925）及20世纪伯特兰·罗素（1872—1970）的研究。亚里士多德对句子的结构（句子内部的结构）很感兴趣，现代逻辑则把句子视为命题和可操作的单元，通常用符号和概念加以表示。

主要有：

和	合取	·
或	析取	∨
不是	否定	~
如果……那么	条件	→
当且仅当	双条件	↔

（或者还有其他各种有趣的符号，这都取决于哲学家的想象。附注：逻辑中"或"是包含的意思——两种可能性都允许成立。如果你告诉一位逻辑学家，你想喝杯橙汁或茶，你就会拿到一杯混合物，可千万不要吃惊。条件也不意味着有任何联系，因果或其他关系……）

现代西方哲学的核心问题是，逻辑在多大程度上成为我们推理的方式。比如，在标准的"形式逻辑"中，合理性的定义是，一个论证的前提不可能为真，但结论却不可能为假，那么即便是很合理的假设，也可能指向两种奇怪且又有点荒唐的结果（见问题94）。

逻辑实证主义（Logical Positivism）

1922年，莫里茨·石里克成为维也纳大学的哲学教授。他既是哲学家，也是科学家，因为把爱因斯坦的理论翻译成哲学废话出了点名。以石里克为中心的一群人组成了所谓的维也纳学派，他们自称是"逻辑实证主义"学派，非常枯燥，也非常科学。该学派的加入条件是，必须认同除非所说之事能用科学的"实证"程序来证明，否则都没有意义。当然，哲学家非常重要，因为他们要让已被验证和未有实证的观点都能以合乎逻辑的方式表达出来。

形而上学（Metaphysics）

"形而上学"原先不过是亚里士多德的著作中排在"物理学"之后的一个章节。根据个人喜好，可以将其解释为"科学之后"，也可以将其解释为"科学之前"。或者，用H.L.门肯（1880—1956）在《笔记》（*Notebooks*）中的话来定义：《少数派报告》（*Minority Report*）一书中写道，形而上学是增加"人类使彼此厌烦的能力"的一种方式。门肯认为，两个人以上的晚宴和史诗也能达到与之相同的效果。

东方哲学（Oriental philosophy）

东方哲学自成一体。东方哲学家不喜欢像西方"分析"哲学家那样，遵循亚里士多德的传统（他有特别严重的分类混乱），把所有事物都分解开来。但事实上，西方哲学中有相当多的东方哲学思想，早在柏拉图时期，他就在强调"平衡"与"和谐"这两种东方哲学的概念。柏拉图的理论也反映了东方哲学对理论（学习和认识）与实践（生活和存在）的重视。

尤其是中国哲学，把知与行视为一件事的两个方面——如同一枚硬币的两面。太极——终极实在——就是精神（理）与物质（气）的结合，目的是让人归于"道"。但什么是"道"？

"道"即是无。老子在《道德经》(*Tao Te Ching*) 第四章中对"道"的描述同样也可以作为对哲学的描述：

> 道冲，而用之或不盈。渊兮，似万物之宗。挫其锐，解其纷，和其光，同其尘。湛兮，似或存。

(也可参考《奥义书》。)

柏拉图(Plato)

公元前427年,柏拉图出生于雅典的一个显赫之家,其家族与当时的政界人士,尤其是民主运动和寡头运动的相关人物都有联系。柏拉图本人也很有政治抱负,他的《理想国》(*The Republic*)以小短剧的形式,借苏格拉底之口侃侃而谈,这本书不仅是后来西方哲学思想的蓝图,也是一份政治宣言。不过,事实证明,他在哲学上的造诣更深。柏拉图区分了精神与物质,后来的笛卡尔也进一步做了阐释。柏拉图还提出了一些崇高的观念,包括美与真,以及"三"和"四","椅子",甚至"丑"等观念——不过,柏拉图并不喜欢多谈这些。

罗素(Russell)

罗素引领了著书讨论哲学的潮流,所以在这份顶尖哲学家的名单中写上他的名字也不为过——尽管他其实并没有那么伟大。伯特兰·亚瑟·威廉·罗素(1872—1970)是第三代伯爵,他的祖父是维多利亚时代的首相。他既是逻辑数学家,也是激进的自由思想家。他穷尽一生,想要为数学找到一个确定无疑的逻辑基础,这在他的《数学原理》(*Principia Mathematica*,1910—1913)一书中体现得淋漓尽致,但并未获得成功。他的大众哲学观念主要体现在后来的《哲学问题》(*Problems of Philosophy*)和《西方哲学史》(*History of Western Philosophy*)中。他还坐过牢:1918年,他因极力反对第一次世界大战中的肆意屠杀,以和平主义者的身份被捕入狱。

正如前面所说,他的哲学没能解决任何关键问题——但却是一次很有意义的尝试。他将知识分成了两类,一种用法语说就是理解(savoir)与认识(connaître),另一种则是通过亲身感受或描述(反之亦然)而获得的知识。前者更加直接、确定。后来者并不认可他的这种区分方式。1950年,他终于获得了诺贝尔奖,这对他来说应该算是一份安慰——只不过,是诺贝尔文学奖。

圣奥古斯丁(St Augustine)

公元355年,奥利留斯·奥古斯丁出生于如今的阿尔及利亚地区。他在北非上过学,最终在罗马帝国的非洲主城迦太基完成了学业。他主修文学和修辞学,后来在迦太基和米兰都担任过修辞学教授。不过，他很快就放弃了一帆风顺的学术生涯，转而从事能够激励他良知的宗教事业。他撰写了大量关于宗教的著作，大多都是对经典的注释和教义辨析，还有关于异教影响的历史著作。其中知名度最高的是《忏悔录》（*The Confessions*），这是一部叙述了他自己精神觉醒过程的著作。

《忏悔录》中最经典的是第七章里的描述，童年时期的愚蠢行为让他备受良心的折磨：小时候，他偷了邻居家的梨，但他实际上并不饿。后来，他意识到，那纯粹就是一种恶作剧——甚至可以说是一种邪恶的举动：

> 噢，上帝啊，求你看看我的心，看看我这您曾慈悲关怀却落入深渊的心。现在，让我的心告诉您，它在那里寻求什么。我虽不是有意为之，但那确实是件坏事。我竟爱做坏事；我喜欢破坏，喜欢自己的错误，不是有什么原因要犯错，而是我喜欢自己犯错。

使得奥古斯丁自我憎恨的另一个主要原因是欲望。他认为性交是一种必要的身体行为，就像铺桌布一样，但随之而来的快感和非理性却让它成为一种罪过。这位圣人除了妻子之外，还有几个情人，但他心里很清楚自己应该怎么做，于是写下了这样的名言："让我洁身自好、克制欲望吧,只是现在还不行。"(见对问题82—89的讨论。)

不要把他和圣安塞姆弄混。是安塞姆提出了关于上帝存在的"有力"论点——从逻辑上来说,上帝不可能不存在。C.S.刘易斯在关于笛卡尔理论的《哲学入门》中,简述了所谓的"本体论"论证:

> 笛卡尔曾说过,"上帝不可能不存在,
> 因为我内心有关于他的完满的理念"所以他存在
> 证明完毕

叔本华(Schopenhauer)

亚瑟·叔本华(用"亚瑟"是因为这个名字通用于欧洲多种语言,方便办事)生于1788年,卒于1860年。16岁时,他被送往伦敦温布尔登的寄宿学校求学,在那儿逐渐形成了孤僻的性格。他认为,"同伴就像一团火,取暖时需保持一定的距离"。

叔本华原本学的是医学,后来却改学了哲学,对柏拉图、康德及《奥义书》中的古印度哲学钻研尤深。这三者共同构成了叔本华的原型存在主义(找不到更好的形容词了)著作:

《意志与表象的世界》(*The World as Will and Representation*)。叔本华早期理论的主要观点是,在日常的经验世界之外,有一个更好的世界。在那个世界里,人的思想能够穿透表象看到实质。他认为,世界的本质就是表象和意志。

叔本华把性视为哲学的中心问题,他跳脱出了传统哲学的框架,指出个人关心的主要问题就是性,而非那些体面的"哲学问题"。他曾写说,"生殖器是意志的焦点",还说爱是物种繁衍需求的表现。一旦遗传功能得以完成,爱就会消退。然而,他和柏拉图及那群佛教徒一样,觉得存在超越这种意志的方法,从而"不费力、无痛苦地思考现实"。

叔本华与黑格尔同处于一个时代,但他坚决反对黑格尔的思想。1820年,他受邀去柏林开讲座。当时黑格尔的事业正值巅峰,而他讲座的时间刚好与黑格尔演讲的时间撞上了,所以来听他讲座的人很少。叔本华气坏了,决心从此不再开讲座。他只写了几句话:"黑格尔学院派哲学如同一条声名显赫的墨鱼,在周围喷出黑墨障人眼目,mea caligne tutu(以晦涩作防卫)。"(墨鱼在受到威胁时会喷出黑色的墨汁。)

苏格拉底(Socrates)

苏格拉底(公元前5世纪)在欧洲哲学思想界的地位如同

宗教领袖，尽管他本人并无著作，但其追随者（柏拉图只是最著名的一个）的叙述使他的思想对哲学研究产生了很大的影响。《理想国》的文风带有宗教色彩，其中所述苏格拉底的主张是从"善"。有些评论家认为，苏格拉底的"善"很难与"上帝"区别开，而两者确实有很多相似之处。苏格拉底与柏拉图相识之时已近暮年，正致力于讨论道德问题。德尔菲神谕在回答他的一位崇拜者的提问时说，苏格拉底是全希腊最有智慧的人。苏格拉底坚信事实并非如此，因为他知道自己其实一无所知，便决心要证明神谕是错的。他到处盘问别人，想要找到有所知的人。这相当于是在探索道德问题，因为当时希腊人把智慧就等同于对道德的理解。苏格拉底发现，在关于正义、美德、三角（triangularity）等的真实性质问题上，人们要么无所知，要么至少是解释不清自己的信念。而苏格拉底知道自己无知，那么神谕说他是智者，倒也没错。

当然，苏格拉底对这些问题的探讨，以及他或含蓄或公开地打破传统的主张，并不一定能得到公众的认可。在许多雅典人看来，苏格拉底怀疑一切，说的都是"现代的胡言乱语"，至少也要对战争灾难负一定的责任。古典主义哲学家认为，不论苏格拉底受到审判的直接原因是什么，或是审判的具体细节如何，正是这一点，导致苏格拉底被他的同胞们判处了死刑。

柏拉图笔下的苏格拉底在狱中写了一封信：

> 我得出的结论是，所有现存的国家都被治理得很糟糕，除非遭遇巨变或运气爆棚，否则它们的机制都无法实现变革。事实上，我不得不相信，社会或个人寻求正义的唯一希望在于真正的哲学，除非真正的哲学家能掌握政治大权，或政治家奇迹般地成为真正的哲学家，否则人类都不可能在乱局中获得片刻安宁。

空间（Space）

"空间哲学"是现今哲学领域中被忽视的研究课题。不过幸好，由于科学的进步，情况也不总是如此。古代哲学家之中，德谟克利特曾简单地说，空间就是"空"；亚里士多德则认为，空间只是根据真实物体的存在推断出来的一种特有现象。相反地，作为"现代"哲学的开端，笛卡尔则认为空间本身就是一种真实物体，是物质的一种存在形式，只是不像固体之类的东西那样，不具有事物的一般属性。

就像在其他许多问题上一样，柏拉图对此有确定的说法，空间是一种非常特殊的东西，既不像宇宙中其他东西那样由物质构成，也不像"形式"那样是完全抽象的概念，而是介于两者之间。在《蒂迈欧篇》中，苏格拉底的朋友蒂迈欧解释说："空间无形无性，包容一切，以一种高深莫测的方式享有着可理解的一切。"研究空间特性的唯一方法是"一种无依据的（无理性基础）推理方法，并不涉及感知"。（比如，在睡梦中。）柏拉图对空间的看法包含了相对论的元素。当物体因受到"压力"而开始变化时，空间就会发生变化，在此过程中又会对物体产生影响："当它受到那些物体的震动时，它会向各个方向不规则地摆动，而在它的运动过程中，又会使那些物体受到震动。"物质作用于空间，空间作用于物质。这根本就是对爱因斯坦相对论的概括，但却比爱因斯坦早了2000多年。

西班牙哲学（Spanish philosophy）

为什么说西班牙语的哲学家也该看看《101个哲学问题》？当然，除了那些表现悖论的超现实主义插图之外……或许他们是从何塞·奥特加·加塞特的理论下逃出来的难民吧。加塞特提出了一种叫作生命理性形而上学的理论，以应对"西班牙衰落的问题"。

尽管本书并没有明确提到西班牙传统哲学，但仍与之有着很多相通之处。这没什么好奇怪的，因为西方哲学主要源自希腊，到了中世纪，西班牙托莱多的"翻译学院"对其进行了翻译、传播。因此，西班牙可以说是连接古希腊和欧洲其他国家的枢纽。西班牙神秘主义者常通过长篇散文诗来表达（对上帝的）爱，J.L.比韦斯等哲学家则致力于宣扬主观的重要性，英国人冷眼相对，不屑一顾，声明"分析"和超脱才最重要。

如今的西班牙哲学成为英美哲学一众反对声音的代表，也是对更古老、更包容的欧洲哲学的回归。毕竟，正如桑切斯神父（1530—1623）所说，不相信作为知识基础的哲学权威和传统，就相当于"一无所知"。这大概并不是主张摒弃相对主义理论，而是对勒内·笛卡尔的质疑。

斯宾诺莎（Spinoza）

斯宾诺莎是爱因斯坦最欣赏的哲学家。这个靠磨镜片维持生计的荷兰人曾拒绝前往海德堡大学任职，坚守着磨镜片的行当。巴鲁赫·斯宾诺莎（1632—1677）认为所有事物都是实物——精神与肉体只是实物的两个方面，而一件事物有着很多个方面，上帝也不例外。尽管他的文风富有西方特色，注释极多，言语琐碎，但他的著作主旨要更接近东方而非西方的传统。

结构主义(Structuralism)

结构主义起源于费尔迪南·索绪尔(1857—1913)的语言哲学,他的著作在20世纪下半叶颇为流行。索绪尔认为,阐释了我们思考和说话方式的,是语言的结构而非语言的逻辑。他把"符号"和语言视为统一体系的理念被称为符号学,他对语言结构和语言的表现形式进行了重新区分:语言的结构叫作"语言"(langue),语言的表现形式则叫作"言语"(parole)。可以用象棋来解释。规则只是抽象的存在,一盘棋才是规则的体现。和书写、聋人的手语和象征性仪式一样,语言是用来表达观点的符号体系。当然,符号具有任意性,只有经过体系化的整理才有意义。

人类学家克劳德·列维-施特劳斯重新发现了这种结构语言学,并用它来看待文化这个整体。他认为,既然语言是人类所独有的特征,就应该可以用它来定义文化现象。只要谈到人类,就要提及语言;只要谈到语言,就要提及社会。所有的哲学问题实际上都是分析符号体系的问题,这种符号体系构筑了这个世界。在这方面,结构主义者与古代中国(大约在公元前380年)的哲学学派"名家"相一致,那是一群早期的逻辑学家,他们对语言和现实关系的问题有着同样的兴趣。

结构主义者对本书中提到的一些悖论做了解释：我们对外部世界的认知来自我们的感觉。感官的运作方式和大脑整理、识别信息的方式赋予了我们感知到的各种现象以特征。这种整理过程中的一个非常重要的特点是，我们将自己所处的连续的空间和时间切分成片段，于是我们就认为，环境是由各种各类的独立事物所构成的，时间的流逝也是由一系列独立事件所构成的。雅克·德里达试图推倒这座结构主义大厦，他写道：结构主义者创造的都只是形而上学的想象。就像笛卡尔认为，肉体与精神就像两个同步运转的时钟那样，对符号科学的探索根本毫无意义。所谓历史上使用过这些概念，以及哲学上探究真理的主张，都只是一种假象。一切都是骗人的把戏罢了。

重言式（Tautologies）

重言式就是用不同的话把同样的事情说两遍。比如"集市将在周六或周日，也就是周末开放"就是重言式。不过，有些看起来挺有意义的话其实也是重言式，比如"雪是冰冻的水"，就连著名的"2+2=4"也是。重言式之所以对哲学家很有吸引力，是因为他们看起来完全没有问题。古代哲学家特别喜欢几何学的真理，比如三角形的三个内角之和是180

度，直角三角形斜边边长的平方等于另外两条边边长的平方和等。但事实上（见问题24），世界并非如此简单。许多科学"知识"都可以算作重言式——水在100℃的时候沸腾，100℃就是水开始沸腾的温度；水分子是由两个氢原子和一个氧原子构成的，这些都是重言式。（先前那个传统哲学问题就源自此。）维特根斯坦发现，重言式对逻辑特别重要——事实上，他写道：逻辑中的所有真理都是重言式。他最喜欢的一个例子是，要么下雨，要么不下雨，这是个有问题的例子，但维特根斯坦当时也只是一个古怪的奥地利数学老师（见下文"维特根斯坦"条目）。

时间（Time）

柏拉图曾说过，时间是永恒的运动形象，这话听起来虽颇有诗意，但其实并不能说明什么。亚里士多德在关于"物理学"的著作中详细讨论了"时间"的性质，认为时间是物质世界变化的结果。他推断说，由于物体在平稳连续地发生变化，所以时间必定是一个连续体。当然，正如普罗提诺不久后指出的那样，这种对时间的定义涉及所讨论的事物，说明并不是一个好的定义。普罗提诺给时间下的定义超越了物质世界，他认为时间是灵魂从一个阶段过渡到另一阶段的特征。我们也可以重新做解释，把时间视为意识的一个特征，没有了意识，就没有了时间。正如普罗提诺所言："时间在所有灵魂中，所有灵魂以相似的形式存在；因为所有的灵魂都是同一个灵魂。"这就是时间有包容一切的特性，是一个整体的原因。

尽管如此，普罗提诺对时间的定义也是"从一个阶段过渡到另一个阶段"的概念，因此严格来说，这样的定义未必就比亚里士多德的定义更好。

有些哲学家对时间的这种奇怪性质感到疑惑不解，用T.S.艾略特的话说，它是"不受时间影响的片刻的模式"。所有事物都依赖于"现在"这个无限短暂的片刻，就像让"时间之河从虚无之中涌出"的喷泉，产生了无底的过去之湖，所有事物都"游入湖中又漂流而去"，且成为永恒的真相，而未来则根本不存在。东方哲学强调存在都存在于有无（阴阳）之间。至于我们自己的"存在"，正如圣奥古斯丁也在思考的那样，在"尚未"和"不再"之间实现了微妙的平衡。

真（Truth）

对哲学家来说，这本身就是一个有争议的词。柏拉图认为，如果描述的是事物的本来面目，那么它就是真。尽管这个定义根本毫无用处，但却一直没有得到改进。威廉·詹姆斯提出了另外一种定义，即如果某件事产生了有用的结果——那么根据实用主义理论——它就是真的。但是，即便是最偏向于相对主义论的人也对这种说法怀有疑虑。美国教育哲学家约翰·杜威认为，"意义在范围及价值上都比真理更广阔、更珍贵，哲学追求的是意义而非真理"。

这里没有提及真值———一般有两个，对与错。但（见问题10关于海战的讨论）有些人认为还有第三个，即"未确定的"真值。

《奥义书》(The Upanishads)

《奥义书》这部史诗叙述了所有存在的统一性。印度哲学强调"智慧"。3000多年前，对西方哲学影响深远的印度先贤们认为，"终极现实"的本质是我们自己是它的一部分。如果我们研究自己，最终就会发现个人灵魂（Atman），即本质的自我。如果我们进一步深入钻研外部现实的"非自我"，就会发现梵（Brahman），即终极现实。于是我们就会认识到，个人灵魂和梵实际上就是同一事物的两个方面。

功利主义（Utilitarianism）

功利主义的提出者杰里米·边沁认为考虑行为后果最重要的道德原则是给大多数人带来最大的幸福。公众的幸福才是最好的幸福。约翰·斯图尔特·穆勒（1806—1873）接受了这种理论，并明确摒弃了其他理论，认为它们都代表着统治阶级的利益，没有代表正义。比如，穆勒写道，那些教导人们自我牺牲的人，其实是想让别人为他们牺牲生命。穆勒和边沁都认为，人们渴望幸福，幸福实际上就是人们唯一希望得到的东西。当人们的欲望出现冲突时，功利主义理论认为应该权衡后果，看哪一种行动能带来更大的幸福。

维特根斯坦（Wittgenstein）

路德维希·维特根斯坦的履历颇为奇特，他做过数学老师，当过兵，还做过工程师，最后（很不情愿地）成为哲学家。他对哲学的重要贡献体现在各种各样的哲学争论中。20世纪初，他提出了与先前哲学家完全不同的观点，为哲学思辨注入了相当的活力与全新的动力。他也并未把自己局限在智力挑战的范畴内。1914年第一次世界大战爆发的时候，维特根斯坦在第一时间坐火车从肖伦到维也纳，加入了奥地利军队。他先是在一艘海军军舰上服役,后来又进入了兵工厂。1916年,他幸运地被分入榴弹炮团,登上了与俄国对战的前线,还因为表现英勇而受到了多次嘉奖。1918年,他得到晋升,被派到了意大利北部的一个炮兵团。战争即将结束时,他在那里成了盟军的俘虏。(这种经历与如今传统的学者形象不太相符,但柏拉图可能会为他感到骄傲。)

维特根斯坦的好斗个性其实早有体现。还在学校里上学的时候,他甚至(值得称赞)和年轻时的阿道夫·希特勒吵过架(这不是我瞎编的!);后来,他成为数学老师,又因为在课堂上对学生大喊大叫而不得不辞职(在奥地利警方开始调查一名学生陷入昏迷的事件之后,他才接受了别人的劝告,放弃了教书!);他出生在一个富有的实业家家庭,但他总是与家里闹翻。在父母的逼迫下,他去英国进修,拿到了工程学学位。

在英国的时候,维特根斯坦想设计一种用燃气驱动的飞机,却遭遇了巨大的挫败。他就把怒火发在了航空实验室的雇员们身上。他的工程师说,"进展不顺利的时候(这种情况时有发生),他就会挥舞胳膊,一阵乱跺脚,还用德语不停地骂人"(引自瑞·蒙克写的维特根斯坦传记)。

因此,怀着要设计出燃气飞机的愿望,维特根斯坦来到了牛津大学,想要学习更多关于飞机设计的数学知识。在那里，他与著名的哲学家伯特兰·罗素展开了一场相当特殊的辩论——他完全不同意罗素的观点。1946年，又发生了一件奇怪的事。在剑桥道德科学俱乐部的一次聚会上，他拿着根烧红了的拨火棍对着卡尔·波普尔一阵挥舞，坚持要求波普尔向他解释"道德规则"的意思。波普尔（举例）说，"用拨火棍威胁来访的发言人是错误的"，维特根斯坦听到这话就怒气冲冲地走了出去。

维特根斯坦还写过两本出名的哲学著作。第一本《哲学逻辑论》（*Tractatus Logico-Philosophicus*）出版于1922年，他给书中的每个句子都标了号，以彰显自己见解的重要性。在这本书里，他说所有的哲学问题都已得到解决，而实际上恰恰完全相反。

维特根斯坦在那一时期的思想带有丰富的逻辑实证主义色彩，他认为词语应该直接与现实相联系（人类学家称之为语言的"摩声"理论），就像警察做的事故模型是为了模仿真实事故一样。当这种说法在大多数道德问题、形而上学问题及哲学问题上都讲不通时，他就遵循着逻辑实证主义者的观点，把这些讨论都视为空谈。正如他在《逻辑哲学论》中两次提到的那样："在没有办法说话的时候，就得保持沉默。"

不过，有些人认为，他实际上是想说，即使无法对某些事多说些什么，也还有可能把它展示出来。在他去世后出版的《哲学研究》(*Philosophical Investigations*) 一书中，他推翻了自己早期的很多发现，并把词语和句子比作工具箱里的工具，或是火车头的控制器，认为其意义就是使用。如果觉得很难理解，那么维特根斯坦在他的《文化杂谈》(*Miscellaneous Remarks on Culture*) 中还给出了这样的建议，有时"一个句子只有用合适的速度阅读才能得到理解。我写的句子都是需要慢读的"。但后来他也承认，哲学家使用词语的方式和小孩子使用蜡笔的方式有相似之处。哲学家的说法就像小孩子的画，当他们声称自己的涂鸦要"表达"些什么的时候，人们都不能太过当真。

现如今，维特根斯坦得到了语言哲学家的高度评价，其中不少人错误地把一些观点归算到了他的头上，比如解释术语如何产生的"家族相似"理论，那其实是别人的观点。

芝诺 (Zeno)

在柏拉图叙述的芝诺与苏格拉底的对话《巴门尼德篇》(*Parmenides*) 中，很明显有关芝诺悖论的推理都是芝诺本人的叙述。在对话中，对于宇宙是"一个整体"或"绝对不多"是否有任何差别的问题上，几乎是唯一的一次，芝诺对苏格拉底进行了一番口头上的说教。(但那时候，苏格拉底还很年轻!)

芝诺:苏格拉底,虽然你像一只年轻的斯巴达猎犬一样,对我书中的论点很感兴趣,热情地追踪着它的气味,但你还是没有弄明白我书中的要点。首先,你没有捕捉到这一点:这本书根本没有你说的那种秘密意图,也没有在人们面前掩饰其目的,好像那是什么伟大的成就。你所提到的事情只是偶然。这本书的真实目的是为巴门尼德的说法做辩护,因为有些人认为如果一切都是一个整体,那就会导致荒谬和自相矛盾。因此,我的书就是要以彼之矛攻彼之盾,提出一个好的方法,目的是要表明,如果有人按照他们的方法进行彻底仔细的研究,就会发现结果要比"一切都是一个整体"还要荒谬。

我写这本书的时候还很年轻,满怀着一颗竞争心。有些人没有问过我的意见,就私自复制了一份。所以,我甚至都没有机会决定是否要将它公之于众。

许多人都相信,芝诺的论证是通过应用现代(参阅"最新思想")数学完成的。但是伊利亚学派(芝诺只是其中的一个最著名的成员)却提出了一种更真实的哲学观点。他们想要证明,如果时间是一个连续流动的整体,那么就不可能有现在；但如果时间是由单独的片刻的序列组成的，那么就可能只有现在（顺便说一句，变化是一种幻觉。）这就是兔子急于向我们表明的道理。另一方面，如果空间仅为一，那么就不可能有"这里"或位置的概念。如果空间可以被分解成更小的部分，那么就只有"这里"——没有运动。我想，现在已经有很多种数学解释了，但像他那样给问题套上哲学的外衣，真是太妙了！

阅读指南

对哲学的简要说明

伯特兰·罗素的《西方哲学史》(*History of Western Philosophy*，劳特利奇出版社，2000) 经过多次再版，其地位至今无可超越，书中包含了大量关于各个独立哲学家及其思想观念的简要介绍。至于相对较新的佳作，我个人想向大众推荐（基于问题35—37所提及的偏向性）布伦达·阿尔蒙德的《探索哲学》(*Exploring Philosophy*，布莱克威尔出版公司，1995) 和我自己写的《傻瓜哲学》(*Philosophy for Dummies*，威利出版公司，2010) 及《哲学的故事》(*Philosophical Tales*，布莱克威尔出版公司，2009)。除了对大哲学家的著作进行有效的总结之外，《哲学的故事》一书还深入剖析了他们的目的，窥探到了他们希望能被历史掩埋的一些小缺点。

关于特定问题的书籍

许多问题其实都与形而上学有关,已经超出了"科学"的范畴,比如宇宙的本质、时间的本质和"基本实在"的本质等。当然,自古以来,就有众多的哲学家对此类问题充满了兴趣,但时至今日,针对此类问题的相关研究大多都是由我们眼中的"科学家"们所完成的。天文学家卡尔·萨根和弗雷德里克·霍伊尔提出了许多关于宇宙本质的问题,费杰弗·卡普拉和奈杰尔·霍克斯也一针见血地指出亚原子物理学已经越来越接近于哲学了。卡普拉甚至认为,亚原子物理学正在往宗教化的方向发展。推荐两部经典之作:费杰弗·卡普拉的《物理学之道》(*The Tao of Physics*,怀尔德伍德出版社,1975)和奈杰尔·考尔德的《爱因斯坦的宇宙》(*Einstein's Universe*,企鹅出版社,1979)。我自己关于科学和哲学的"思想实验"系列和《维特根斯坦的甲虫及其他经典的思想实验》(布莱克威尔出版公司,2004)中,也涵盖了许多此类问题,以及一些关于思维与同一性的趣味哲学实验。

尼克·赫盖特的《空间——从芝诺到爱因斯坦》(*Space from Zeno to Einstein*,麻省理工大学出版社,1999)是介绍空间与无穷大等相关哲学理念的优秀"原始资料"。从芝诺理论和观点的零星碎片,到理论物理学的节选摘录,各种哲学瑰宝都在该书中有迹可循。此外，赫盖特还针对摘录内容，给出了条理清晰、表述流畅的评论。不过，看书的时候，一定不要把自己限制住，否则就要白费它的启迪作用了！

印第安纳波利斯的哈克特出版公司推出了古典哲学精编文集，其中包括笛卡尔的相关著作、柏拉图的《对话录》、约翰·洛克的《政府论（第二篇）》、大卫·休谟的《人类理解研究》，以及约翰·斯图尔特·密尔的《功利主义》和《论自由》。这样的一部文集就相当于一座优秀的哲学图书馆（或入门读物）。

对计算机和人工智能感兴趣，并且想知道（那些机器）究竟有多智能化的读者，可以看看雷纳·博恩的文集——《人工智能：反对的理由》（*Artificial Intelligence: The Case Against*，克鲁姆海尔姆出版社，1987）。其中就包括约翰·塞尔的著名讨论：是否可能用中文字与另一房间内的说英语的人进行交流（所谓的"中文房间"问题），并以此来类比计算机的情况。

雷蒙德·斯穆里安的《这本书叫什么？》（*What Is The Name of This Book?*，企鹅出版社，1978）里包含了28个关于悖论数学本质的问题，其中有一篇就和本书中的问题4同出一源，感兴趣的读者不妨去看看。不过，虽然该书的内容很有意思，但相对于哲学探究，它更像是一本数学练习册（适合被放进谜题专栏)。

问题11—20以及问题67—74总的来说都属于"道德"问题,需要判断"对与错"。针对道德问题,本书的姊妹篇《101个道德问题》(*101 Ethical Dilemmas*,劳特利奇出版社,2002,二版,2007)涵盖了更丰富的案例和更详细的讨论。眼下最关键的问题是,这些问题是否具有明确指向形而上学的特性。假设存在这样的特性,那么我们可能需要确定衡量的标准。布伦达·阿尔蒙德又写了一本关于道德伦理的佳作(偏向于永恒主义),名为《探索伦理学》(*Exploring Ethics*,布莱克威尔出版公司,1998)。至于功利主义,彼得·辛格在《实践伦理学》(*Practical Ethics*,剑桥大学出版社,1979,二版,1993)中给出了明确的论证。但他的观点并非毫无争议——因为他针对某些问题所提出的解决方案,比如杀死那些天生残疾的人,德国的一些大学直接拒绝了他入校宣讲的申请。

通过杰里米·边沁和约翰·斯图尔特·密尔的著作,尤其是密尔的《论功利主义、自由与代议制政府》(*Utilitarianism, Liberty and Representative Government*)一书,即可窥探到功利主义、独裁政府"快乐计量学"背后的体系以及众多医院伦理委员会的原始规则。当代的相关阐释有:J.J.C.斯玛特和伯纳德·威廉斯的《功利主义:赞成与反对》（*Utilitarianism: For and Against*，剑桥大学出版社，1973）；蒂莫西·斯普里格的《伦理学的理性基础》（*The Rational Foundation of Ethics*，劳特利奇和基根保罗出版社，1988）。时间方面，J.B.普里斯特利的《人与时间》（*Man and Time*，奥尔德斯出版社，1964）绝对值得一看，书中讲述了他收到的一些关于预言的离奇故事。医学伦理方面，朱迪斯·贾维斯·汤姆逊的著作独占鳌头。一开始，他是在1971年的秋季版学术期刊《哲学与公共事务》（*Philosophy and Public Affairs*）上发表了《反对堕胎的论证》（*In Defense of Abortion*），后来，许多关于伦理学的书籍都引用了他的这篇论文（包括辛格的《实践伦理学》）。

与独裁国政府活动相关的问题（问题70—72）也可能引发部分读者对政治哲学的好奇。分析讨论政治哲学的作品有很多，但若是要找一本概括类书籍，我还是想向大家推荐我自己的书——《政治哲学：从柏拉图到毛泽东》（*Political Philosophy from Plato to Mao*，布鲁托出版社，2001，二版，2009）。

至于睡眠的人，以及更具通用性的自由意志相关问题，其根源可追溯至约翰·洛克和本尼迪克特·斯诺宾莎（1632—1677）的哲学观念。而相对较新的观念，即"人是机器"的行为主义观念，则可通过行为主义"奠基者"约翰·华生（1878—1958）的作品一探究竟。也可以参阅B.F.斯金纳的作品，他以动物为实验对象，论述更通俗易懂。华生曾经说过，只要给他一打"健康的婴儿"，他就能按规格将他们培养成医生、律师、艺术家、乞丐或小偷（参见《行为主义》，基根保罗出版社，1925）。自从1953年DNA结构模型被发现以来，支持该观念的呼声日益高涨。

最后，在针对问题27的讨论中，提到的关于图像流行元素的实验，可以参阅由法拉、斯特劳斯和吉罗出版社在美国出版的《科马尔与梅拉米德的科学艺术指南》（*Komar and Melamid's Scientific Guide to Art*，1998）。毕竟，常言道：百闻不如一见。

致谢

我要感谢虚构的"极无趣"教授对问题30最后一段文字的宝贵建议,也要感谢我的狗狗布莱基耐心地把整篇手稿打了四遍。要是有错,就去找无趣教授,别来找我。也可能是布莱基的责任。要感谢马丁·科恩太太给我沏茶,她一直坚信,世上只有这101个问题。

要感谢小妹、大姐和二姐。还有我的爸爸妈妈。感谢"猫猫"麦克·莫里斯、"巧克力糖"特里·迪非,以及最重要的"帅哥乔治"麦克唐纳·罗斯这几位超酷的哲学家。感谢出版社的托尼·布鲁斯、亚当·约翰逊和露丝·贝瑞,还有那些在我刚开始写的时候就给予关注的人。《101个哲学问题》已经出到了第四版,从写作灵感的影子世界到现实世界,托尼一直在帮助我。这些书能出版,他的功劳非常大。

我可没忘记Molehill UK和F.A.T.S.监管小组里那些玩艺术的朋友,他们尽力找到了早先版本里的那些图片,还进行了甄别。他们做得特别好。还有"麻将"科普兰和他的电脑团队,他们为我创造了无比重要的虚拟实境,帮助我完成了写作。以及研究中国儒家哲学的丽萨教授,她向我提出了个非常有趣的个人问题,问题很好,但我还没想到该怎么回答。

本书的第三版和第四版都包含了全新的哲学插图系列,绝对值得惊叹!为此,我要郑重地感谢法国艺术运动的"领军人物"朱迪特,她也是《101个哲学问题》的头号粉丝。

还有很多要感谢的人——我这里没办法一一列举了。但我都记得。